Doris Tropper

Die Schätze des Lebens

Doris Tropper

Die Schätze des Lebens

Das Handbuch der bewussten Erinnerung

Bibliografische Information der Deutschen Nationalbibliothek
Die Deutsche Nationalbibliothek verzeichnet diese Publikation in der Deutschen Nationalbibliografie. Detaillierte bibliografische Daten sind im Internet über http://dnb.d-nb.de abrufbar.

Für Fragen und Anregungen:
DorisTropper@mvg-verlag.de

1. Auflage 2014

© 2014 by mvg Verlag, ein Imprint der Münchner Verlagsgruppe GmbH,
Nymphenburger Straße 86
D-80636 München
Tel.: 089 651285-0
Fax: 089 652096

Alle Rechte, insbesondere das Recht der Vervielfältigung und Verbreitung sowie der Übersetzung, vorbehalten. Kein Teil des Werkes darf in irgendeiner Form (durch Fotokopie, Mikrofilm oder ein anderes Verfahren) ohne schriftliche Genehmigung des Verlages reproduziert oder unter Verwendung elektronischer Systeme gespeichert, verarbeitet, vervielfältigt oder verbreitet werden.

Redaktion: Palma Müller-Scherf, Berlin
Umschlaggestaltung: Pamela Machleidt, München
Umschlagabbildung: unter Verwendung von Shutterstock
Satz: Pamela Machleidt / Georg Stadler, München
Druck: CPI – Ebner & Spiegel, Ulm
Printed in Germany

ISBN Print 978-3-86882-487-2
ISBN E-Book (PDF) 978-3-86415-528-4
ISBN E-Book (EPUB, Mobi) 978-3-529-1

Weitere Informationen zum Verlag finden Sie unter
www.mvg-verlag.de
Beachten Sie auch unsere weiteren Verlage unter
www.muenchner-verlagsgruppe.de

Inhalt

Einleitung 7

1. Erinnern und Vergessen als vitale
Kraftquellen des Lebens 21

2. Eine Schatzkiste voller Erinnerungen 71

3. Erinnerungen und ihre große Heilkraft 107

4. Auf der Suche nach den eigenen Wurzeln 139

5. Es darf auch vergessen werden! 177

Literatur 195

Einleitung

Erinnern und Vergessen sind die vitalen Kraftquellen und elementaren Bestandteile unseres Lebens. Ohne Vergessen kann es kein Erinnern geben. Wenn die Erinnerungen zu unwichtig oder zu schmerzhaft sind, dann verkapseln sie sich tief in unserem Inneren und verschließen sich vor jeglichem Zugriff. Unser Gehirn ist der Speicherplatz für Erlebtes und Erlittenes. Manche Erinnerungen lassen sich rasch und ohne großes Zutun jederzeit abrufen. Andere scheinen im tiefen Netz verloren gegangen zu sein, wurden von zig neuen Eindrücken überschrieben und benötigen Stimulation und Anstoß, um hervorgeholt und neu belebt zu werden. Sehr viel sogar bleibt für immer vergessen. Dazu kommt, dass wir nicht nur unsere Identität aus dem gelebten Leben mit all seinen Erfahrungen und bestimmenden Ereignissen schöpfen, sondern die Erinnerungen jederzeit umschreiben, neu definieren, ja sogar umdeuten können; trotzdem bleiben sie unaustauschbar und auf einen einzigen, ganz bestimmten Menschen bezogen und können nicht x-beliebig übertragen werden. Jede noch so bruchstückhaft vorhandene Erinnerung ist Teil eines großen Ganzen. Durch sie sind wir mit anderen Menschen und deren Schicksalen verbunden.

Dieses Buch hilft durch viele praktische Übungen und Impulse, den großen Schatz an persönlichen Erinnerungen zu heben und Verlorengeglaubtes wieder zugänglich zu machen.

Wer sein Leben als Gesamtes und in den Zusammenhängen begreifen möchte, kann sein persönliches Lebenspanorama in all der Vielschichtigkeit und Farbenpracht, von sehr hellen bis zu dunklen Momenten, vor sich ausbreiten. Dabei geht es um die zentralen Fragen jedes Daseins: Wir möchten verstehen, wer wir sind, indem wir sehen, wer wir waren und warum wir so geworden sind. Durch die Rückbesinnung auf das, was gestern war, kann es gelingen, ein tragfähiges Fundament für die Gegenwart und auch für die Zukunft zu bauen, egal wie lange diese Zeitspanne noch sein wird.

Diese und noch viele andere Fragen werden in fünf Kapiteln beantwortet und bearbeitet:

1. Erinnern und Vergessen als vitale Kraftquellen des Lebens

- In welchen Speichern unseres Gehirns können wir bestimmte Erinnerungsspuren erzeugen?
- Wie können wir bestimmte Informationen abrufen und auf welche Methoden greifen wir dabei zurück?

- Welche Auswirkungen haben körperliche und motorische Erinnerungen?

- Welcher Methoden bedienen wir uns beim Rekonstruieren, Entstauben und Wiedererinnern?

- Welche Rolle spielen dabei Emotionen und Gefühle?

- Warum erinnern sich Kinder ganz anders als Erwachsene?

- Wie kommt es, dass sich Geschichten mit der Zeit verändern?

- Wann verführen uns Düfte und Gerüche zu Erinnerungen?

- Welche Déjà-vu-Erlebnisse können wir an Orten entwickeln, an denen wir noch nie waren, die uns jedoch Vertrautheit vermitteln?

- Wie können wir uns ohne großen Aufwand ganz einfach im Hier und Jetzt stimulieren lassen?

2. Das Heben der persönlichen Schatzkiste voller Erinnerungen

- Wie kommt es, dass jede Lebensstufe »blüht« und Früchte trägt?

- Was müssen wir selbst dazu beitragen als Gärtner unseres eigenen Lebensgartens?

- Welche Rolle spielen die Jahreszeiten mit ihrem Wechsel, mit Abschied und Neubeginn?

- Wer oder was sind echte »Lebenszeitfresser« und wie kann es gelingen, die uns noch verbleibende Lebenszeit ausbalanciert zu verbringen?

- Welchen Zauber trägt jedes »erste Mal im Leben« in sich?

- Wie haben Sie Ihre Schulzeit erlebt und wer oder was hat Sie nachhaltig geprägt?

- Welche Geschichten und Erinnerungen verbergen sich hinter ganz einfachen Dingen des Alltags?

- Wie gelingt es, die Fülle an individuellen Lebenserinnerungen zu kultivieren?

- Welche Bilder entstehen im Kopf und wie können sie für die Zukunft konserviert werden?

3. Erinnerungen und ihre große Heilkraft

- Wann können Erinnerungen wie eine heilende Arznei zum Einsatz gebracht werden?

- Welche Bedeutung wird der Rückschau in die eigene Vergangenheit beigemessen?

- Was möchte ich alles aus meinem beschwerlich gewordenen Lebensrucksack auspacken?

- Welche wichtigen, wesentlichen Dinge meines Lebens dürfen darin Platz finden?

- Wie sind andere Menschen an Wendepunkten ihres Lebens mit dem starken Wunsch nach Veränderung und Neuorientierung umgegangen?

- Was lässt sich daraus für das eigene Leben ableiten?

- Welche Kraftquelle können Erinnerungen bei schwerer Krankheit, nach Unfällen oder unvorhersehbaren Schicksalsschlägen sein?

- Wie kann es gelingen, wieder an die eigenen Lösungskompetenzen und Strategien von früher anzuknüpfen?

- Wann schützen uns die Erinnerungen davor, immer wieder die gleichen Fehler zu machen?

- Welche Stationen der Trauer müssen durchlebt und manchmal auch durchlitten werden?

- Welche Rituale erweisen sich als hilfreich in diesem Prozess?

- Was sind Ihre Ressourcen, die Sie aus Kindheit und Jugend mit in den Lebensalltag bringen und auf die Sie jederzeit zurückgreifen können?

4. Auf der Suche nach den eigenen Wurzeln

- Kennen Sie den starken Wunsch nach Sehnsucht und Geborgenheit?

- Was bedeutet Rückbesinnung auf das eigene Leben und welcher Wurzelpflege bedarf es dazu?

- Wer bin ich? Woher komme ich? Wer möchte ich sein?

- Wie würde Ihr persönliches Vermächtnis aussehen?

- Welche Hoffnungen hegen Sie?

- Welche Befürchtungen haben Sie?

- Sind Sie zufrieden mit dem Erreichten oder gibt es offene Wünsche und Träume?

- Was gab und gibt Ihrem Leben einen Sinn?

- Wie sieht Ihr soziales Netz aus?

- Trägt es Sie in Krisenzeiten oder ist es längst brüchig geworden?

- Haben Sie Glück in Begegnungen erfahren und wie leben Sie heute?

- Was bedeutet Heimat für Sie?

- Wo fühlen Sie sich zu Hause?

- Welche Gefühle und Bilder entstehen, wenn die Vergangenheit bei uns anklopft und sich in Erinnerung ruft?

- Was haben die Träume, Sigmund Freud und der »Wunderblock« damit zu tun?

- Welche Lebensstufen und Entwicklungsschritte müssen alle Menschen bewältigen?

- Was geschieht mit Stolpersteinen, nicht bewältigten Krisen und unbearbeiteten Ereignissen aus der Vergangenheit?

- Was hilft, Ängste und Schuldgefühle abzuschütteln?

- Welche Abschiedsrituale sind hilfreich und erleichtern ein Loslassen?

- Wie steht es um Versöhnung mit Ihnen selbst, Ihrem Leben und mit anderen Menschen?

- Was hat die »Baummeditation« am Ende des Kapitels damit zu tun?

5. Es darf auch vergessen werden!

- Warum vergessen wir laufend Dinge?

- Welche Schutzmechanismen verbergen sich hinter dem Vergessen?

- Steckt ein Kalkül hinter dem Verdrängen von bedrohlichen, schlimmen Lebenssituationen?

- Wann macht es Sinn, die verdrängten und abgelegten Erinnerungen bruchstückhaft hervorzuholen?

- Wann ist es jedoch besser, sie zu vergessen und fest verkorkt wie wertvollen, alten Wein im kühlen und dunklen Keller aufzubewahren?

- Wie sind andere Menschen in bestimmten Lebenssituationen damit umgegangen?

- Wie können wir mit dem Blick auf erlittene Verluste und verdrängte Schicksalsschläge ein neues Kapitel im Lebensbuch aufschlagen?

- Warum ist Denken immer auch Vergessen?

- Wann stürzen die Brücken des Erinnerns endgültig ein?

- Welches Kapitel im Logbuch der persönlichen Erinnerungen möchten Sie umschreiben?

- Welche Erlebnisse und Ereignisse packen Sie am Ende in einen Reisekoffer?

- Welche Erinnerungen lagern fest verschlossen in Ihrem persönlichen Tresor und wollen (noch) nicht ans Tageslicht geholt werden?

Ein wichtiger Hinweis
Dieses Buch möchte Sie durch viele Impulse und Methoden zu einer persönlichen Auseinandersetzung mit spannenden und interessanten Lebensthemen motivieren. Wenn Sie sich darauf einlassen und Ihre Gedanken ausführlicher zu Papier bringen wollen, dann benötigen Sie unbedingt zusätzlich einen Notizblock oder ein kleines Heft. Diese Anschaffung lohnt sich auf jeden Fall!

Joseph Roth, begnadeter Erzähler und Feuilletonist, der immer auf Durchreise war und sein ganzes Leben auf Bahnhöfen und in Hotels verbracht hat, resümierte in einem Brief im April 1938 aus Paris: »*Aber das Leben marschiert weiter und nimmt uns mit.*« Zur Einstimmung auf das Buch möchte ich Sie auf eine »Reise in Gedanken« mitnehmen, die bildhaft aufzeigen soll, wie vielfältig und zugleich unterschiedlich das Erinnern von Bekanntem und Vertrautem und das Vergessen von Unangenehmem und Schwierigem sein kann. Diese Fahrt durch verschiedene Landschaften kann als Metapher für die beiden vitalen Lebensressourcen gesehen werden:

Stellen Sie sich vor, Sie sitzen alleine im Abteil eines Zuges und Sie freuen sich auf eine Reise in ein unbekanntes Land. Dabei spielt es keine Rolle, wohin die Bahn tatsächlich fährt. Sie lehnen sich bequem im weichen Polstersitz zurück und strecken Ihre Beine aus. Langsam rollt der Zug an; nach kurzer Zeit hat er Fahrt aufgenommen. Die am Fenster vorbeiziehenden Häuserzeilen und Straßen kommen Ihnen bekannt vor. Auch den Spielplatz kennen Sie, und für einen kurzen Augenblick sehen Sie das rote Ringelspiel, auf dem sich ein Kind mit ausgestreckten Armen rasch dreht. Sie können durch die geschlossenen Fenster nichts hören, aber Sie entwickeln eine Ahnung davon, wie laut und fröhlich das Kind da draußen lacht. Gerne hätten Sie das Bild länger vor Augen behalten, aber der Zug braust unbarmherzig und rasch dem scheinbar unbekannten Ziel entgegen.

Schon bald tauchen draußen grüne, saftige Wiesen auf, die sich sanft in die Landschaft schmiegen. Unterbrochen werden sie durch Sonnenblumenfelder, Getreide- und Maisäcker. Wie vergessenes Spielzeug, das eine unbekannte Hand einfach auf die Erde gestellt hat, machen sich die vereinzelt auftauchenden Bauernhöfe aus. Sie sehen Menschen bei der Arbeit und vermeinen das frisch gemähte Gras durch die Scheibe riechen zu können. Das alles erinnert Sie vielleicht an Ferienaufenthalte und Sommerfrischen auf dem Land. Die Sonne strahlt, der Himmel ist blau und die Welt farbenprächtig. Überall, wo Sie vorübergleiten, sehen Sie Schönes: Gepflegte Obsthaine, prachtvolle Nutzgärten, gereiftes Gemüse in liebevoll beackerten Gärten. Aus der Ferne grüßen Sie Kirchtürme, manchmal verirrt sich ein Reh oder eine Katze ganz nah an die Gleise. Alles, was Sie sehen, löst Freude, manchmal sogar Begeisterung in Ihnen aus. Es scheint, als wäre vieles vertraut und bekannt; die Gegend in ihrer Lieblichkeit strahlt Sanftheit aus und wirkt sich beruhigend auf Ihr Gemüt und Ihre Gedanken aus, ein unerklärliches, heimatliches Gefühl steigt in Ihnen auf. Es wird Ihnen warm ums Herz.

Die rollenden Räder erzeugen einen gleichmäßigen Rhythmus, der Sie schläfrig macht, und Ihnen fallen die Augen zu. Sie träumen von fremden Orten und Menschen, die in einer unbekannten Sprache zu Ihnen sprechen. Sie können sie nicht verstehen und verspüren ein Gefühl von Ablehnung, von Angst und Ungewissheit. Ein heftiges Rütteln hat Sie aus Ihrem Halbschlaf wieder in die Wirklichkeit geführt und Sie stellen mit Erleichterung fest, dass Sie das alles nur geträumt haben. Wohlbehütet, fast heimatlich geborgen finden Sie sich in »Ihrem« Abteil wieder.

Der Blick nach draußen ist jedoch nicht mehr ungetrübt, denn am Himmel ziehen Gewitterwolken auf. Die ganze Landschaft, vor allem der Fluss und die vielen kleinen Seen, ist in ein tiefes Dunkel getaucht. Schon von Weitem hören Sie Donnergrollen und Sie sehen zuckende Blitze. Sie wissen nicht, was Sie dort erwartet. Die Situation ängstigt Sie und Sie wünschen sich, möglichst rasch dieser geladenen Atmosphäre zu entkommen. Das Regenwasser schießt in Strömen vom Himmel und ergießt sich in hartnäckigen Sturzbächen über Ihre Fensterscheibe. Sie sehen nun gar nichts mehr und zu allem Überdruss ist das Glas auch noch angelaufen. Mit dem Finger zeichnen Sie ein lachendes Gesicht und ein Herz mit einem Pfeil durch die Mitte auf das beschlagene Glas.

Irgendwann sind Sie der Gewitterzone mit den dunklen Gefühlen entkommen und Sie genießen wieder erste, zaghafte Sonnenstrahlen, die das Grau durchbrechen. Erleichtert vergessen Sie die trüben Minuten; Sie bedauern noch einen kurzen Moment, dass sich durch diesen Vorfall ein großes Stück Landschaft Ihrem Blick entzogen hat. Nur winzige Tröpfchen auf der äußeren Fensterscheibe erinnern noch an Wolkenbruch, Hagel und tosenden Sturm. Der Zug fährt weiter durch Täler und über Berge, Sie überwinden Höhen, schauen in schwindelerregende Abgründe; dann wieder öffnen sich ruhige große Wälder und grüne Plateaus vor Ihrem Auge. Jeder Abschnitt trägt einen eigenen Geruch in sich und Sie versuchen sich an den Duft eines feuchten, ein wenig modernden Waldbodens zu erinnern, an Pilze und an das Rascheln des Laubs. Sie hören den Wind über die Ebenen sausen und beobachten die Schwalben, die sich bereits auf den Telegrafenleitungen in Reih und Glied entlang der Bahntrasse sammeln, um sich für ihre Reise bereit zu machen.

Nach langer Fahrt erreichen Sie spät am Abend Ihren Zielbahnhof und steigen aus. Dabei denken Sie bei sich, dass alle Bahnhöfe den gleichen Geruch und die gleiche Atmosphäre ausströmen. Jetzt sind Sie eine Fremde/ein Fremder unter Fremden, aber Sie besitzen etwas, das Sie einzigartig macht: Ihre ganz persönlichen Erinnerungen. Den ersten Teil der Reise haben Sie gut überstanden, seien Sie offen und neugierig auf das, was noch kommt.

Lassen Sie sich mitnehmen auf eine Reise von der Vergangenheit in die Gegenwart und weiter bis in die Zukunft! Sie brauchen kein gültiges Ticket, bloß die Bereitschaft, Altbekanntes und Bewährtes mit neuen Augen zu sehen, und eine Portion Abenteuerlust, um Fremdes und noch Unbekanntes zu entdecken. Glückliche Reise und eine bewegende Zeit mit vielen interessanten Überraschungen!

1. Erinnern und Vergessen als vitale Kraftquellen des Lebens

In Regines Herzen ging die Vergangenheit auf wie ein Blumenstrauß,
den man ins Wasser stellt.

Simone de Beauvoir

Dieses Bild von Simone de Beauvoir, in einem einzigen Satz formuliert, macht auf wunderbare Weise deutlich, was Erinnerungen bewirken können, wenn sie kultiviert werden: Sie beginnen zu duften und zu blühen, sie entwickeln eine bislang ungeahnte Farbenpracht, erfreuen die Augen und das Gemüt, nehmen uns in Beschlag und fordern Bewunderung und immer wieder aufs Neue ein Hinschauen und Berühren, aber auch ein Sich-berühren-Lassen. Mit der Zeit jedoch verblassen die Farben, fallen die prachtvollen Blüten ab, verwelkt der Strauß und ist schließlich dem Vergessen geweiht, wird weggeworfen und vielleicht durch einen neuen ersetzt, der aber anders in Farbe, Form und Duft ist. Manchmal wollen wir eine besonders schöne Erinnerung unbedingt aufbewahren und dann werden die roten Rosen vom Geburtstag oder die zarten Blüten des Hochzeitsstraußes verkehrt nach unten zum Trocknen aufgehängt in der Hoffnung, dass die

Bilder des Festes oder Ehrentages auf diese Weise länger lebendig bleiben und nicht vollständig im Alltagstrott verloren gehen. Erinnerungen sind lebensnotwendig und sie sind ein elementarer Bestandteil unseres Lebens.

Das Gedächtnis und seine Reproduktionskraft

Was sind Erinnerungen und wie werden sie gespeichert?

Die Beantwortung dieser Frage ist nicht leicht, denn unser Gedächtnis, wo Erinnerungen gespeichert und Informationen abgerufen werden können und auch das Vergessen stattfindet, ist ein sehr komplexes, vielschichtiges, gleichzeitig auch faszinierendes System. Die oft verwendeten Formulierungen »Jemand besitzt ein gutes Gedächtnis« oder »Jemand hat sein Gedächtnis verloren« stimmen nur bedingt. In Ausnahmesituationen wie zum Beispiel Aufregung, Stress oder Trauer kann es sehr gut sein, dass wir eine wichtige Telefonnummer, von der wir erst behaupten konnten, sie sogar noch im Schlaf auswendig zu wissen, plötzlich nicht mehr richtig und ohne Ziffernsturz zu wählen vermögen. Oder wir stehen verzweifelt vor einem Geldautomaten und haben den PIN-Code zur Geldabhebung einfach vergessen.

Demnach sind alle Erinnerungen flüchtig und unzuverlässig. Das Gedächtnis wiederum ist der Zusammenhalt und Speicherort unserer Erfahrungen und Erlebnisse. Auf diese Infrastruktur können wir jederzeit und ohne großen Aufwand zurückgreifen, allerdings benötigen wir zur Reproduktion unserer Erinnerungen auch viele externe Speicher, die uns helfen, die gewünschten Bewusstseinsakte zu erzeugen, ihnen eine bestimmte Erinnerungsspur, eine Farbe oder einen Klang zu geben. Für den Austausch des Erinnerten benötigen wir wiederum ein Medium wie die Sprache oder das Bild, um uns anderen und der Welt mitteilen zu können.

Schon früh entwickelten Forscher und Denker Modelle und Vorstellungen, wie das Gedächtnis aussehen und funktionieren könnte. Der griechische Philosoph Platon vergleicht die Seele mit einer wächsernen Tafel, auf der sich bestimmte Vorstellungen, Erlebnisse und Ereignisse des Lebens gleichsam abdrücken. Was nicht zum Abdruck kommt oder gelöscht wurde, kann nicht mehr erinnert werden und bleibt vergessen. Dieses Bild hat sich auch in unserem Sprachgebrauch festgesetzt, wenn wir von besonders starken *Eindrücken* oder eindrucksvollen Ereignissen sprechen. Das Gedächtnis hingegen ist für Platon die Aufbewahrungsstätte der Wahrnehmungen: wie ein Vogelhaus, in dem Wissensfragmente herumflattern, die erst eingefangen werden müssen. Auf eine solide Basis hingegen greift der amerikanische Philosoph und Psychologe William James Ende des 19. Jahrhunderts zurück, wenn er davon ausgeht, dass das Gedächtnis wie ein Haus sei, das nach Erinnerungen durchsucht werden muss.

Auch dieses Bild lässt sich gut umsetzen: Man stelle sich ein sehr altes Haus mit vielen kleinen Fenstern und Türen vor, mit einer gewundenen Wendeltreppe, gediegen eingerichteten Wohn- und Schlafzimmern, einer unaufgeräumten, aber großen und gemütlichen Küche, mit Erkerzimmern im Obergeschoß, einem Dachgeschoß voller unbekannter Überraschungen und einem tiefen, finsteren, dunklen Keller ...

Im neuropsychologischen Sinne versteht man unter Gedächtnis (Mnestik) die Fähigkeit des Nervensystems, von uns aufgenommene Informationen zu behalten und zu speichern, aber auch zu ordnen und vor allem wieder abzurufen, wenn sie benötigt werden oder wenn wir uns erinnern wollen. Der Prozess zur Gedächtnisbildung läuft jedoch nicht nur auf der bewussten Ebene ab, auf der wir mitentscheiden und manchmal auch auswählen können, was wir behalten wollen und was nicht, sondern vor allem sehr intensiv auf der unbewussten Ebene. Welche Informationen und Bilder dabei ins Gedächtnis aufgenommen werden, können wir weder beeinflussen noch steuern. Sie bleiben so lange ein Geheimnis, bis sie, angeregt durch ein Ereignis, ihren Weg aus dem Langzeitgedächtnis wieder in unser Bewusstsein finden und sich dann plötzlich bemerkbar machen.

Das Gedächtnis kann laienhaft ausgedrückt auf drei Hauptstränge zurückgreifen: das Langzeitgedächtnis – das sensorische Gedächtnis – das Kurzzeitgedächtnis.

Im *Langzeitgedächtnis* werden Informationen dauerhaft gespeichert. Dieser Prägemechanismus geschieht auf mehreren Ebenen: Im *episodischen Langzeitgedächtnis* werden Erinnerungen an bestimmte sehr konkrete Ereignisse und Vorgänge abgelegt:

Beispiele dafür:
- Letzter Kriegstag
- Heimkehr aus der Gefangenschaft
- Kindheit in meiner Geburtsstadt
- Ferien auf dem Land
- Volksschulzeit
- Erste große Liebe
- Geburt eines Kindes
- Hochzeitstag vor 25 Jahren
- Weihnachten im Vorjahr

Das *semantische Langzeitgedächtnis* hingegen eignet sich im Laufe des Lebens viele Fachinformationen an und verknüpft universelles Wissen gekonnt mit einem Ereignis.

Beispiele dafür:
So bleibt die vor zehn Jahren stattgefundene Reise nach Granada in Spanien in besonders vielen Details in Erinnerung und verstärkt sich durch das angelernte Faktenwissen über die arabische Kultur und die Entstehungsgeschichte der Alhambra als letztes Symbol der Herrschaft der Mauren über die Iberische Halbinsel.

Ähnlich verhält es sich bei einem Museumsbesuch: Je mehr Sie über den oder die Maler, ihr Leben und ihre Arbeitsmethoden wissen, umso stärker verknüpfen sich Zeit und Ort des Geschehens mit den ausgestellten Objekten in Ihrem Gedächtnis.

Mathematische Formeln oder das Kennen der Namen aller Hauptstädte Europas können aus dem semantischen Gedächtnis ermittelt werden.

Die Wahrnehmung und Verarbeitung von Reizen hingegen erfolgt im *Langzeit-Perzeptionsgedächtnis*.

Beispiele dafür:
Ohne ein Wort darüber zu verlieren, können wir uns den Geruch von Maiglöckchen in unser Gedächtnis rufen und uns daran erinnern.

Wenn wir ganz fest die Augen schließen, sehen wir das azurblaue Meer und hören das Rauschen der Brandung bei Ebbe und Flut. Fast gleichzeitig entsteht in unserem Denken und Fühlen eine Ahnung vom letzten Strandausflug oder Urlaub am Meer.

Das Langzeitgedächtnis ist ein dauerhafter Speicher mit hoher Kapazität. Alle Informationen eines ganzen Lebens werden dort gelernt, behalten, können abgerufen oder vergessen werden.
Diese vier elementaren Prozesse sind für die Erinnerungskultur von Bedeutung ebenso wie für das Vergessen, und sie wiederholen sich immer wieder:
- Lernen und Einspeichern von neuen Inhalten
- Behalten und Bewahren von brisanten Informationen durch regelmäßigen Abruf
- Erinnern und Wiederherstellen von Gedächtnisinhalten
- Vergessen und Zerfall von Erinnerungsspuren

Das Langzeitgedächtnis hat eine unbegrenzte Kapazität. In ihm ist das gesamte Wissen einer Person abgelegt. Es stellt somit einen Speicher für alle im Leben gemachten Erfahrungen dar, aber auch für Fähigkeiten und Fertigkeiten, für Emotionen und Gefühle, Regeln und Urteile, Werthaltungen und Einstellungen, also für alle Informationen, die wir uns jemals beschafft haben oder mit denen wir konfrontiert waren.

Der zweite Strang, das *sensorische Gedächtnis*, speichert für Bruchteile von Sekunden Bilder und Momentaufnahmen ähnlich wie das Medium Film oder Fernsehen. Erst dadurch ist es uns möglich, unsere Umwelt und Umgebung wahrzunehmen. Neue Informationen erreichen das Gehirn über die Sinnesorgane und werden im sensorischen Gedächtnis zwischengespeichert. Dabei wird das umfangreiche, millionenfache Bildmaterial eines ganzen Tages immer wieder überschrieben, um neuen Speicherplatz zu gewinnen. Auch wenn wir den starken Wunsch verspüren, das eine oder andere besonders schöne »Bild im Kopf« zu bewahren, aufzuheben für spätere Zeiten, so wissen wir trotzdem nicht, was unser Archiv für die Zukunft bewahrt und konserviert, also auf Dauer und für lange Zeit speichert, und was sofort wieder aussortiert und vergessen wird.

Sensorische Prozesse treten auch beim Hören auf. Wenn ein großer Vogel hinter uns mit seinen Schwingen ein Geräusch verursacht, drehen wir uns instinktiv um; wenn aus einer Zimmerecke ein Geräusch an unsere Ohren dringt, können wir – auch ohne die Augen zu öffnen – die Richtung bestimmen. Um die Ursache oder den Verursacher auszumachen, benötigen wir mehrere Sinnesorgane.

Den dritten Strang bildet das *Kurzzeitgedächtnis*, das ich gerne mit der Funktion eines Teesiebes vergleiche. Gerade mal so lange, wie es notwendig ist, bleibt uns ein Wort, ein Satz, ein Gedanke im Sinn, um anschließend auf Nimmerwiedersehen zu verschwinden, weil wir die Informationen nicht mehr benötigen und so kostbarer Speicherplatz für neue Eindrücke und Erfahrungen frei gemacht wird. Die Informationsverarbeitung erfolgt bewusst, das bedeutet, dass wir selbst einen großen Anteil daran haben, was wir für eine kurze Zeit im »Arbeitsspeicher« aufbewahren wollen und was nicht. Dieser Prozess läuft auf ein permanentes Überschreiben hinaus. Es funktioniert wohl ähnlich wie der »Wunderblock«, wo trotz ewiger Auslöschung und ständiger Neugestaltung alte, überschriebene und versteckte Lebensgeschichten und biografische Begebenheiten in Bruchstücken erhalten bleiben, wenn auch oft eher ansatzweise und völlig aus dem Zusammenhang gerissen. (Vgl. Kapitel 4)

Körperliche und motorische Erinnerungen
Auch unser *Körper* verfügt über ein Gedächtnis und speichert motorische Erinnerungen lebenslang. So kommt es, dass wir Bewegungsabläufe, die wir einmal erlernt haben, wie Radfahren, Schwimmen, Gummitwist, Eislaufen oder Skifahren, nie mehr verlernen und auch nach Jahren noch beherrschen, wenn auch nicht mehr so gut, weil wir durch mangelnde Routine die Sicherheit verloren haben. Auf die Frage, wie sich ein Pianist Tausende zusammenhängende Noten und Tastenkombinationen merken kann, antwortete der Klaviervirtuose Paul Badura-Skoda, dass er bei jedem Konzert sein »Fingergedächtnis« abrufen könne.

Diese Fähigkeit ist mir bei einem Konzert der begnadeten Harfenistin Charlotte Balzereit besonders aufgefallen. Wie in einem geheimnisvollen, von der Musik vorgegebenen Rhythmus »funktionierten« bei der zierlichen Spielerin die Finger beider Hände, indem sie die Saiten zupften und sich danach sofort wieder entspannten; die Beine, die abwechselnd auf Pedale traten, um

Zwischentöne zu erzeugen, der regelmäßige Blick auf das Notenblatt am Pult und nicht zu vergessen das rasche Umblättern mit der linken Hand. Hier waren Körper und Geist in höchster Konzentration vereint und alle Schubladen der diversen Gedächtnisspeicher geöffnet, um die Sonaten und Musikstücke fehlerfrei zu spielen und überdies den persönlichen künstlerischen Ausdruck zum Klingen zu bringen.

Was für die Fingerfertigkeit auf einem Musikinstrument gilt, trifft auch auf Tanz und Theater zu. Wiederholtes Üben von komplizierten Schrittfolgen und beharrliches Memorieren langer Rollentexte prägen sich mit der Zeit so stark in das Bewusstsein ein, dass sie auch Jahrzehnte später noch immer präsent sind und Pirouetten korrekt getanzt oder Texte fehlerfrei gesprochen werden können. Allerdings setzen solche Fähigkeiten ein lebenslanges Studieren und ebensolches Wiederholen voraus. Übertragen auf die Erinnerungsarbeit bedeutet dies ein ständiges Hinterfragen und gleichzeitiges Üben, um beweglich in Geist und Körper zu bleiben.

- *Welche Sportarten haben Sie einmal erlernt und welche betreiben Sie heute noch?*
- *Welches Musikinstrument haben Sie als Kind gespielt?*
- *Beherrschen Sie heute ein Instrument?*
- *Wenn nein, welches würden Sie gerne erlernen?*
- *Singen Sie gerne und wenn ja, welches Lied?*
- *Sie behaupten, dass Sie nicht singen können?*

Alle Menschen können singen, weil es unsere eigentliche Muttersprache ist, in der wir Gefühle und Gedanken zum Ausdruck bringen. Die einen singen besser und haben eine geschulte Stimme, bei anderen reicht es nicht für die Aufnahme in einen Chor. Trotzdem: Singen wirkt befreiend und hebt die Stimmung.

- *Wann waren Sie das letzte Mal tanzen?*
- *Welche Tänze und Schrittfolgen beherrschen Sie?*
- *Mit wem würden Sie gerne ein Tänzchen wagen?*
- *Welches Ballett-Stück gefällt Ihnen besonders gut?*
- *Interessieren Sie sich für ausdrucksstarken Performance Dance?*
- *Haben Sie während der Schulzeit Balladen und Gedichte auswendig lernen müssen?*
- *Erinnern Sie sich noch an den Text?*
- *Was ist Ihr Lieblingstheaterstück?*
- *Wer ist Ihr Lieblingsdichter/-schriftsteller?*
- *Wann haben Sie das letzte Mal ein Buch gelesen?*
- *Erinnern Sie sich noch an den Titel und den Autor?*
- *Welche Bücher haben Sie im Laufe Ihres Lebens ganz besonders beeindruckt?*

Einige Fragen werden Sie vielleicht rasch und ganz ohne Probleme beantworten können. An vieles hingegen erinnern Sie sich schlicht nicht mehr, weil es zu lange zurückliegt oder keine bleibenden Spuren in Ihrem Gedächtnis hinterlassen hat. Keine

Sorge, Sie sind in guter Gesellschaft. Man kann nicht immer alle Informationen auf der Stelle in Sekundenschnelle abrufen. Vergessen ist keine Schande!

Noch ist es aber nicht so weit und wir bleiben bei den Erinnerungen. Möglichen Theorien über das Vergessen widmet sich das letzte Kapitel dieses Buches.

Ich lade Sie ein, einige sehr starke Erinnerungen aus Ihrem Leben aufzuschreiben. Der Platz im Kästchen reicht nur für prägnante Stichworte. Wie schon in der Einleitung darauf hingewiesen: Wenn Sie Ihre Gedanken ausführlicher zu Papier bringen wollen, dann macht es Sinn, sich einen Notizblock oder ein kleines Heft anzuschaffen.

Was war das am stärksten prägende Ereignis in meinem Leben?

Welche Abenteuer und Erlebnisse hatte ich als Kind?

Meine schönste Urlaubserinnerung:

Welche Träume würde ich mir erfüllen, wenn ich im Lotto eine Million Euro gewinnen würde?

Spuren in die Vergangenheit

Erinnerungen führen zurück in eine Vergangenheit, die aus der Distanz betrachtet häufig den Glanz des Schönen und Besonderen in sich trägt. »Damals war alles viel besser!« Dieser oft gehörte Satz deutet darauf hin, dass mit dem Lauf der Zeit und dem Vergehen von Jahren der Blick auf das Erlebte an Schärfe und Klarheit verliert und die Gefühle sich vor den Verstand schieben. Das Konservieren und Bewahren von Geschichten aus der Vergangenheit hat aber nicht nur den Zweck, sich selbst etwas Gutes zu tun, um später einmal bei Krankheit oder Einsamkeit darauf zurückgreifen zu können, sondern vor allem den der Weitergabe von historisch interessanten oder zeitgeschichtlich relevanten Ereignissen an die jüngeren Generationen. Damit das gelingt, müssen Erinnerungen entstaubt und hervorgeholt werden. Bei dieser oft mühsamen Rekonstruktionsarbeit können diese Wörter und Begriffe von A bis Z helfen:

Aufbruch
Begegnungen
Charakter
Daheim
Essen
Feiertage
Gartenarbeit
Haus und Hof
Intoleranz
Jause
Kinderspiel
Leute
Maiglöckchen
Nähkästchen
Ostern
Praline
Querkopf
Regen
Suppe
Tanzabend
Uhr
Übergangsmantel

Vater
Wohnungen
Xanthippe
Yellow submarine
Zeit

Überlegen Sie selbst, was Ihnen zu dem einen oder anderen Wort einfällt. Vielleicht gibt es Wörter, die überhaupt keine Assoziationen bei Ihnen auslösen, dafür andere, die viele Geschichten und Erinnerungsbilder bewirken, vielleicht sogar Emotionen und Gefühle hochkommen lassen.

Ein gutes Beispiel dafür sind die Worte »Zahnarzt« und »Zahnschmerz«. Bei vielen von uns löst allein schon das Lesen dieser Wörter eine Kette von unangenehmen, schmerzhaften Erinnerungen aus. Erst recht, wenn Sie sich zusätzlich noch an das Geräusch eines Bohrers erinnern. Wir alle verfügen auch über ein Schmerzgedächtnis, wobei dies vor allem für das Empfinden chronischer Schmerzen verantwortlich gemacht werden muss. Werden die sensiblen Nervenzellen immer wieder Schmerzimpulsen ausgesetzt, verändern sie ihre Aktivität. Das führt auf Dauer dazu, dass bereits ein leichter Reiz genügt, um einen Schmerzimpuls auszusenden. Fehlt der eigentliche Auslöser und bleibt der Schmerz, so wird aus einem akuten ein chronischer Schmerz, der sich in unser Schmerzgedächtnis tief eingeprägt hat. Die Konsequenz aus dieser medizinischen Erkenntnis wäre eine vorausschauende optimale Schmerztherapie, die das Entstehen eines Schmerzgedächtnisses verhindert. Für die »Zahnarztgeplagten« unter uns ist es dafür leider schon zu spät: Meist reichen traumatische Schmerzerfahrungen beim Zahnarzt bis in die Jugend zurück und beleben sich bereits im Warteraum bei jedem neuerlichen Zahnarztbesuch.

Zusammenfassung

- Unsere persönlichen Erinnerungen sind unaustauschbar und können auch nicht übertragen werden.

- Jede/r von uns besitzt eigene, einzigartige und unvergleichliche Erinnerungen, die zwar Ähnlichkeiten zu anderen aufweisen, jedoch niemals die gleichen Gefühle und Emotionen auslösen können.

- Wir sind durch unsere Erinnerungen mit anderen Menschen und deren Schicksalen verbunden.

- Jede noch so bruchstückhaft vorhandene Erinnerung ist Teil eines großen Ganzen.

- Jede Erinnerung ist flüchtig und unzuverlässig, vor allem dann, wenn viele Jahre zwischen dem Erlebten und dem Erinnern liegen.

- Durch eine kleine Verschiebung des Gleichgewichts kann man hervorragend die Unwahrheit sagen, ohne zu lügen.

- Im gleichen Maße, wie sich die Trägerin/der Träger im Laufe der Zeit verändert hat, womöglich eine andere Einstellung gewonnen hat, wandeln sich auch die Erinnerungen in ihrer Intensität, Farbe und den auslösenden Gefühlen.

- Erinnern und Vergessen liegen ganz nahe beieinander. Vieles, was wir vergessen haben, ist nicht unwiederbringlich verloren, sondern kann mit einem passenden »Schlüssel« zu unserem Speichergedächtnis wieder an die Oberfläche geholt werden.

- Das Erinnern wie das Vergessen haben ihre »richtige« Zeit. Sie sind wie Zugvögel, die kommen, eine Weile bleiben und sich dann wieder verabschieden.

Erinnerungen an Ereignisse

Wir können davon ausgehen, dass jeder Mensch ein potenzieller Zeitzeuge ist und sich gemeinsam mit anderen an die gegenwärtige Vergangenheit erinnern kann. Mit solchen kollektiven wie kommunikativen Erinnerungen werden wir am Ende eines jeden Jahres konfrontiert, wenn Fernsehen und Medien uns eine Chronik über die Ereignisse des abgelaufenen Jahres präsentieren. Meist geschieht dies durch Bildmaterial und in Form von Schlagzeilen. Dadurch können Geschehnisse ins Gedächtnis gerufen werden und wir erinnern uns gleichzeitig auch daran, was wir an dem Tag des Großbrandes gemacht haben oder wo wir unterwegs waren, als sich ein katastrophales Unwetter ereignete.

Für gewöhnlich können wir uns an kürzer zurückliegende Zeiten und ihre Ereignisse leichter erinnern. Je länger die Zeitspanne ist, desto unverlässlicher wird unser Gedächtnis. Es gibt aber immer wieder ganz besondere Schlagzeilen, die sich tief in unser Erinnerungsvermögen durch markante und lebhafte Spuren eingeschrieben haben und auch meist rasch abrufbar sind.

Mit einem kleinen Fragebogen können Sie Ihr eigenes Erinnerungsvermögen testen, vorausgesetzt, Sie haben das erwähnte Ereignis bewusst erlebt.

Fragebogen zu Ereignissen der Geschichte
Wo waren Sie im Juli 1976, als es zu einer verheerenden Giftgaskatastrophe in Seveso kam, die eine ganze Region für Jahre unbewohnbar machte und den Menschen schwere Hautverätzungen zufügte? Was haben Sie damals gemacht? Woran erinnern Sie sich noch?

1980 eroberte ein dreidimensionales Puzzlespiel zusammengesetzt aus 27 kleinen, bunten Plastikwürfeln die Welt und verdrehte Tüftlern aller Nationen den Kopf. Erinnern Sie sich noch an »Rubik's Cube«? Besaßen Sie auch einen solchen Zauberwürfel?

Zu heftigen Diskussionen über die aktive Sterbehilfe führte 1984 der Tod einer Krebspatientin in einer Klinik am Chiemsee. Dr. Julius Hackethal war ihr behandelnder Arzt. Haben Sie sich an der Kontroverse beteiligt? Was fällt Ihnen dazu ein? Welche persönliche Einstellung haben Sie zu diesem Thema?

Im März 1988 kam es zu einer deutsch-österreichischen Überschwemmungskatastrophe aufgrund lang anhaltender Regenfälle. So wie auch 2013 hieß es an den Flüssen Donau und Rhein »Land unter«. Wo waren Sie zu dieser Zeit?

Was haben Sie gemacht? Waren Angehörige oder Freunde davon betroffen? Welche Bilder haben sich Ihnen eingeprägt?

Im Februar 1992 wurde der österreichische Schriftsteller und Kriminelle Jack Unterweger in Miami von FBI-Beamten festgenommen; er war wegen des Verdachts, mehrere Prostituierte ermordet zu haben, steckbrieflich gesucht worden. Erinnern Sie sich noch an den unscheinbaren Mann, der viele Künstler und Prominente für sich gewinnen konnte? Wie alt waren Sie damals?

1997 ist ein Jahr der extremen Gegensätze: Jubelbilder vom Mars und Trauerbilder aus Paris. Das Marsmobil »Sojourner« lieferte gestochen scharfe, sensationelle Bilder vom Roten Planeten, die die Wissenschaftler zum Jubeln brachten. Prinzessin Diana und ihr Begleiter kamen bei einem Autounfall in Paris ums Leben – diese Bilder hingegen lösten weltweit Trauer und Bestürzung aus. Wie haben Sie von diesen Ereignissen erfahren? Woran erinnern Sie sich noch?

2001: Vier koordinierte Flugzeugentführungen mit anschließenden Selbstmordattentaten auf wichtige zivile und militärische Gebäude wie das World Trade Center in New York und

> das Pentagon in Washington erschütterten am 11. September 2001 die USA und riefen weltweit Entsetzen hervor. Wo waren Sie an diesem Tag? Was haben Sie gemacht? Welche Gefühle ruft diese Erinnerung in Ihnen wach?
>
> Manchmal werden persönliche Ereignisse mit starken Gefühlen an jene der Zeit(geschichte) geknüpft und als Brücken zur Erinnerung genutzt.

Zwei Beispiele dazu:

Ich habe deine Mutter am selben Tag geheiratet wie Fürst Rainier von Monaco seine Grace Kelly! Es war der 19. April 1957. Zuvor waren wir auf dem ersten Opernball nach dem Krieg. Ich glaube, das war im Februar desselben Jahres.

Meine Tochter Klara war drei Jahre alt, als der Unfall in Tschernobyl passierte. Sie hat noch Tage danach in der Sandkiste gespielt. Wir waren uns der Gefahr nicht bewusst, da wir nicht ausreichend über die Verstrahlung informiert wurden!

Der Blick auf das eigene Leben mit wichtigen Ereignissen und interessanten Abschnitten ist zu jeder Zeit von großer Bedeutung. Dabei stellt sich die Frage, wie diese Erinnerungen »abgelegt« werden sollen, um jederzeit bei Bedarf verfügbar zu sein.

Was das Bildmaterial anbelangt, so speichern die Jüngeren von uns Abertausende digitale Fotos auf dem Computer in Ordnern ab oder auf DVDs und USB-Sticks. Mit dem Mobiltelefon aufgenommene Fotos können in Sekundenschnelle an viele andere verschickt werden. Das alles mag als praktisch und selbstverständlich gelten, aber ich bin dennoch der festen Überzeugung, dass es in Krisensituationen, im Alter oder bei Krankheit wichtig ist, Erinnerungen an die schönen Momente des Lebens auch in Händen halten zu können.

Die guten, alten Fotoalben und Fotobücher machen deshalb immer noch Sinn und können jederzeit wieder hervorgeholt werden. Durch die sinnstiftende Kombination von Wort und Bild lassen sich Erlebnisse und Ereignisse gut rekonstruieren und helfen über Erinnerungslücken hinweg. Manfred Osten beschreibt in einem Essay sehr eindrucksvoll die Geschichte des Vergessens von den Anfängen bis in die Gegenwart, schreibt von der Problematik heutiger Speichersysteme, die zunehmend unser Gedächtnis entlasten sollen, dabei aber immer fragiler werden und so zum fortschreitenden Verlust unseres kulturellen Gedächtnisses führen.

Methode »Karteikasten«
Legen Sie sich einen nicht zu großen Karteikasten (ideale Größe: 155 Millimeter Länge, 125 Millimeter Höhe und 80 Millimeter Tiefe) mit linierten Karteikarten zu. Darin können Sie auch mittels Trennblättern mehrere »Kapitel« Ihres persönlichen Lebens

anlegen und aus der Erinnerung die notwendigen Informationen und Daten festhalten.

Dazu einige Anregungen:
- *Spiele der Kindheit*
- *Was wurde bei uns zu Hause früher gekocht und gegessen?*
- *Wo bin ich aufgewachsen?*
- *Welche Erinnerungen habe ich an meine Schulzeit?*
- *Wer waren damals meine Freundinnen und Freunde?*
- *Was habe ich von meinem ersten selbst verdienten Geld gekauft?*
- *Wie war mein erster Arbeitsplatz?*
- *Welche Musik habe ich früher gerne gehört?*
- *Was waren meine alten Lieblingsklamotten?*
- *Die Schuhe meines Lebens und was ich mit ihnen schon alles erlebt habe, sind …*

Ihren Notizen können Sie auch Fotos beifügen und – solange Sie sich noch erinnern können – auf die Rückseite die Namen der darauf abgebildeten Personen notieren; vielleicht ergänzt um ein paar biografische oder geografische Details, die Ihnen gerade in den Sinn kommen. Wer seine Reiseerinnerungen auf diese Weise archivieren möchte, kann auch Eintrittskarten von Museen und Sehenswürdigkeiten oder Ansichtskarten dazutun. So können Sie themenbezogen mehrere Karteikästen anlegen:

- *Meine Familie*
- *Die Kinder*
- *Reisen & Urlaube*
- *Haus & Garten*
- *Arbeitskollegen*
- *Kino/Theater/Oper*
- *Großmutters Rezepte*
- *Taufen, Geburtstage, Hochzeiten & Begräbnisse*
- *Fasching*

Ein besonderes Beispiel unter dem Titel *Mein Älterwerden*

Eine Auswahl an verschiedenen Fotos zeigt die Person vom Baby über das Kleinkind mit seinen Eltern und Geschwistern bis hin zur erwachsenen Frau oder zum Mann. Zu jedem Bild gibt es einen beschreibenden Satz oder eine Anmerkung wie:

Das weiße Babyjäckchen und die dazu passende Mütze hat Omi gestrickt.
Das blau geblümte Kleid hat mir Tante Elvira zum 13. Geburtstag gekauft.

Tage und Orte können ebenso festgehalten werden wie Anlässe und Feste, in deren Rahmen die Aufnahmen entstanden sind.

Mein 7. Geburtstag – Ausflug in den Prater. Fahrt mit dem Riesenrad. Zum ersten Mal Zuckerwatte gegessen.

Mit Opa auf dem Traktor, Sommerferien 1972.

Jedes Jahr kommen ein paar neue Bilder hinzu. Bis ins Alter von 70, 80 Jahren kann die Sammlung sehr umfangreich werden und sie zeigt deutlich den Lebensweg eines Menschen, seine äußere Entwicklung und auch die Veränderungen, die die Jahre mit sich bringen. Dadurch fällt das Erinnern an lange zurückliegende Zeiten leichter und ermöglicht auch ein Reflektieren der eigenen Entwicklungsgeschichte, außerdem lässt es uns jene Personen nicht vergessen, die uns auf unserem Weg begleitet haben.

Großes »Gefühlskino« im Kopf

Das Gedächtnis ist Träger und Ort aller unserer Erinnerungen. Wie eine Klammer hält es das zusammen, was unser Leben ausmacht und unsere Identität stiftet. Es mag noch so viele wissenschaftliche Definitionen und Erklärungen geben, warum wir uns wann und wo und auch wie erinnern oder warum wir vergessen, es bleibt trotzdem stets ein Geheimnis und ein undurchschaubares Zusammenspiel vieler unterschiedlicher Aspekte. Es gibt auch nicht nur die *eine* Erinnerung, sondern alle unsere Gedanken sind untereinander und auch nach außen mit den Gedanken anderer vernetzt. So kann aus vielen Puzzlestücken ein großes Ganzes entstehen, und dennoch sind die eigenen Erinnerungen unaustauschbar und können nicht auf einen anderen Menschen übertragen werden. Dabei spielen aus meiner Sicht vor allem die Gefühle und Emotionen eine übergeordnete Rolle, ebenso die Art und Weise, wie in diesem magischen Moment erinnert wird, denn morgen schon können die Gedanken an die gleiche Sache oder an dasselbe Ding wieder ganz anders sein.

Gefühlsbeladene Erinnerungsbilder sind weitaus stärker in unserem Gedächtnis verankert als andere Ereignisse, die schneller verblassen und weniger erinnerbar sind. Die Hochzeit der Tochter, der schlimme Sturz mit dem ersten Fahrrad, der gebrochene Arm, das Begräbnis des Nachbarsohns nach einem tödlichen Autounfall – solche und andere Ereignisse, die viele Emotionen hervorgerufen haben, bleiben kristallklar im Gedächtnis hängen. Was sich jedoch am Tag zuvor oder eine Woche später ereignete, daran erinnern wir uns nicht mehr. Es liegt deshalb am Gefühlserleben, wie tief sich eine Geschichte in unser Gedächtnis einprägt oder als langfristig nicht speicherungswürdig angesehen wird.

Wie kommt es, dass die Erinnerungen an eine bestimmte Zeit im Leben einmal wunderschön und ein anderes Mal traurig sein können? Das hat damit zu tun, dass alle unsere Erinnerungen viele unterschiedliche Eigenschaften haben, und je nachdem, in welchem Kontext oder in welcher Situation sie erinnert werden, entstehen helle oder dunkle Gefühle. Erinnerungen sind eben flüchtig und unzuverlässig, ihre Gewichtung kann sich durch Wiederholung oder allein durch Erzählung völlig verändern. Das gilt auch für die Vielzahl an Gefühlen, die beim Erinnern mitschwingen, wie Freude und Glück, Geborgenheit und Heiterkeit, Wärme und Leichtigkeit in leuchtend bunten, hellen Farben, Trauer und Schmerz, Einsamkeit und Verlassenheit, Kälte und Angst in bedrückend dunklen, düsteren Farben.

Der Gefühlskreis macht die Palette der unterschiedlichen Emotionen und Empfindungen deutlich und lädt zum Nachspüren und Ausprobieren ein:

Erinnern Sie sich an ein noch nicht sehr lange zurückliegendes Erlebnis aus Ihrem Alltag. Stellen Sie sich die Situation noch einmal genau vor und beobachten Sie sich selbst dabei. Der Blick auf den Gefühlskreis (siehe nächste Seite) kann Ihnen dabei helfen.

Welche Gefühle haben Sie in dieser Situation besonders stark erlebt?

Welche Empfindungen spüren Sie auch jetzt noch?

Würden Sie heute etwas anders machen?

Was wünschen Sie sich für die Zukunft?

Gefühlskreis © Doris Tropper: *Die Schätze des Lebens. Das Handbuch der bewussten Erinnerung*, mvg Verlag.

Bei jeder Erinnerung schwingen bestimmte Gefühle mit, die wir sofort in »gute« und »schlechte«, »positive« oder »negative«, »angenehme« oder »unangenehme« einteilen. Diese rasche Unterscheidung basiert auf der unmittelbaren Wahrnehmung, wie und was wir im Hier und Jetzt erinnern und welche Bedeutung die Erinnerung in diesem einen Augenblick für uns hat. Dabei spielen einmal gemachte Erfahrungen eine große Rolle, denn sie verzerren oftmals den ungetrübten, freien Blick auf vergangene Erlebnisse. Wenn im Spiegel der Vergangenheit nach und nach die Erinnerungen auftauchen, geht es dann nicht selten zu wie bei *Alice im Wunderland*: Die Dinge erscheinen zu groß, zu klein, zu spät, zu langsam, zu verrückt; Chaos pur.

In vielen Begegnungen mit Menschen unterschiedlichen Alters habe ich erlebt, dass es einen Unterschied macht, *wer* sich gerade *wann* an *was* erinnert. Manchmal sind die Bilder aus der Vergangenheit verknappt und sehr sachorientiert, ein anderes Mal schwingen wieder besonders viele Gefühle mit. Kinder erinnern sich an erst kurz zurück liegende kleine Ereignisse ihres Lebens; alte Menschen machen oft einen kurvenreichen und langen Weg über viele Jahrzehnte zurück in ihre Vergangenheit.

Beispiel:
Ich habe ein Ehepaar und ihre Tochter nach dem stärksten, größten bisherigen Erlebnis in ihrem Leben befragt und sie um eine spontane Antwort gebeten.

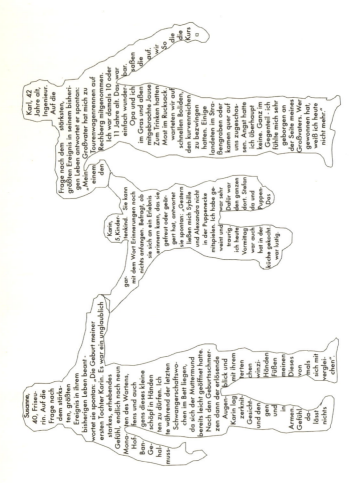

Unterschiedliches Erinnerungserleben eines Ehepaares mit Kind. © Doris Tropper: *Die Schätze des Lebens. Das Handbuch der bewussten Erinnerung*, mvg Verlag.

Partner sind oft voneinander enttäuscht, wenn sie erfahren müssen, dass der andere das gleiche Erlebnis nicht als besonders prägend und einschneidend wahrgenommen hat. Besonders krass kann die unterschiedliche Betrachtung eines bestimmten Ereignisses innerhalb einer Familie dann ausfallen, wenn die individuellen Erinnerungen völlig voneinander abweichen. Nicht selten kommt es zu Zank und Streitereien bei Familienfesten, weil zwar alle von der gleichen Sache reden, sie jedoch jeder ganz unterschiedlich erlebt hat. So viele Meinungen und Ansichten wie Personen sind dabei die Regel. Als Betrachter von außen geht man beim Zuhören davon aus, jede/r meine eine völlig andere Sache und die einzelnen Erlebnisberichte hätten überhaupt nichts miteinander zu tun. Sehr schnell wird man dann eines Besseren belehrt und muss erkennen, dass es sich doch um ein und dasselbe Ereignis handelt.

Die Geschichten verändern sich im Laufe der Zeit. Jedes Erlebnis, das in eine Geschichte verpackt werden kann, erfährt im Laufe der Zeit einen Wandel. Spätere ähnliche Ereignisse, Erfahrungen, Reaktionsweisen anderer, Vorurteile und vieles mehr vermengen sich mit unserer Erinnerung und verzerren sie. Zudem sind wir mittlerweile älter und vielleicht auch reifer geworden und sehen die Welt durch eine ganz andere Brille als damals. Auch wenn wir uns im Großen und Ganzen noch genau daran zu erinnern glauben, wie sich eine »Sache« abgespielt oder wie ein Ereignis stattgefunden hat, unser innerer Spiegel der Wahrnehmungen ist verzerrt und manchmal auch mit der Zeit blind geworden. Dann kann Folgendes mit den Erinnerungen geschehen:

Nivellierung
Wir vereinfachen unsere Geschichte und brechen sie auf die uns heute wesentlich erscheinenden Elemente herunter.

Akzentuierung
Wir heben einzelne Details hervor und vergessen andere, die uns vielleicht unangenehm sind. Manchmal werden bestimmte Aspekte auch überbetont.

Assimilierung
Wir passen Einzelheiten, Umstände und Gegebenheiten kurzerhand dem neuen Wissen und den Erfahrungen an, die wir mittlerweile gemacht haben, und verändern sie, indem wir Aussagen neu auf unsere Person oder den gesellschaftlichen Hintergrund zuschneiden.

Egal, in welche Richtung wir uns bewegen und welche Form von Verzerrung wir einsetzen, letztlich sind wir überzeugt davon, dass unsere Erinnerungen realitätstreu und absolut wahr sind.

Gerüche und ortsgebundene Erinnerungen

Neben den Gefühlen spielen auch die Gerüche eine große Rolle. Der Mensch kann Tausende von Gerüchen in seinem Gedächtnis speichern und bei Bedarf abrufen. Der Romancier Marcel Proust begibt sich auf die Suche nach der verlorenen Zeit und schildert uns in *Unterwegs zu Swann* auf eindrucksvolle Weise, wie ein einziger Schluck Lindenblütentee und der süße Geschmack einer Madeleine urplötzlich eine große Fülle an Kindheitserinnerungen hervorbrachten. Dies geschah unfreiwillig und zufällig; plötzlich nahm die Umgebung seines alten Zuhauses Gestalt an, tauchten geliebte Personen aus der Vergangenheit auf und er erlebte längst vergessen geglaubte Begegnungen erneut.

Nicht immer muss man ein ganzes Leben lang auf den Zufall warten, um an ein Ereignis aus der Kindheit erinnert zu werden. Durch Begegnung, Berührung, Gerüche und Blicke können sich Vertrautes, Vergessenes und Erlebtes plötzlich wieder im Gedächtnis zurückmelden. Ein schönes Beispiel erzählt mir mein Mann immer dann, wenn wir am Meer sind und einen Seestern entdecken oder an den buschartigen großen Feigenkakteen vorbeispazieren.

Als kleiner Junge durfte er mit seinen Eltern in einem eleganten schwarzen Opel Rekord mit weißem Dach, Baujahr 1960, ans Meer fahren.

Wohin die Reise ging, daran kann er sich nicht mehr erinnern, jedoch umso lebhafter an das Erlebnis mit dem Seestern, den er vom Tauchen mitgebracht hatte. Zum Trocknen legte er ihn auf den von der Sonne heißen Lack der Motorhaube. Als er ihn nach Tagen wieder herunternahm (das Auto stand längere Zeit auf dem Campingplatz), hatte der Seestern den glänzenden schwarzen Lack verätzt – sehr zum Ärger des Vaters. Damals wurden Automobile sehr lange gefahren, und daher erinnerte der helle Fleck auf der Motorhaube die ganze Familie immer wieder an das Missgeschick.

Mit seinem Vater und diesem Auto gibt es noch eine weitere, damals sehr ernste und auch schmerzhafte, mittlerweile aber eher lustige Episode. Fasziniert von den prachtvollen gelb blühenden Feigenkakteen, die riesengroß an der Steilküste zwischen den Felsen wuchsen, schnitt sich der Junge mühsam ein besonders schönes „Ohrenblatt" mit langen, gelben Stacheln ab und legte die empfindliche Fracht unter den Fahrersitz. Damals wurde noch gezeltet und im Auto geschlafen, und so kam es, dass der Vater beim Umdrehen der Sitze in das stachelige Kakteenblatt griff. Fluchend warf er es in einem weiten Bogen aus der Tür. Am nächsten Tag lag schon wieder ein Kakteenohr unter dem Sitz, und wieder griff der Vater in die Stacheln …

Jedem von uns ist es schon passiert, dass wir uns an eine sehr intelligente Aussage erinnern, aber nicht mehr wissen, von wem sie

stammt oder in welchem Zusammenhang wir sie gehört haben. Gelegentlich »annektieren« wir sogar Einsichten und geben sie als die unseren aus, obwohl das Copyright dafür ganz woanders beheimatet ist. Wir vergessen Inhalte von Gesprächen, erinnern uns aber an die anwesenden Personen, vielleicht auch noch daran, welche Kleidung sie trugen, oder wir wissen, dass wir bereits in einem bestimmten Hotel an einem bestimmten Ort abgestiegen sind, haben jedoch vergessen, wann das war und mit wem wir dort waren. Umgekehrt gibt es aber auch unglaubliche Déjà-vu-Erlebnisse, in denen wir das Gefühl entwickeln, schon einmal eine solche Situation erlebt, gesehen oder geträumt zu haben.

Übung »Fremd geführt«:
Biografischer Spaziergang durch eine fiktive Stadt[1]
Viele Erinnerungsspuren, vor allem unbewusste, sind an Orte geknüpft. Wir kommen in eine fremde Stadt und spüren Vertrautheit bei jedem Schritt. Historische mittelalterliche Städtchen mit ihren versteckten Winkeln und geheimnisumwitterten Ecken werden dann zu einer idealen Kulisse für Erinnerungsarbeit. Ich lade Sie ein, mit mir gemeinsam einen Rundgang durch eine Fantasie-Stadt zu unternehmen, um Erinnerungen zum Klingen zu bringen. Diese Entdeckungsreise führt in die eigene Vergangenheit bis in die Kinderzeit zurück und macht biografische Ereignisse erlebbar. Durch das Nachspüren von Gerüchen,

---

[1] Übung »Fremd geführt« © Doris Tropper: *Die Schätze des Lebens. Das Handbuch der bewussten Erinnerung*, mvg Verlag

Geräuschen und Begebenheiten kann ein persönlicher Teppich aus Lebenserinnerungen gewoben und Verstaubtes wie Vergessenes dabei wieder hervorgeholt werden, um es zu aktivieren und vor dem Vergessen zu bewahren.

Vertrauen Sie sich mir als Ihre »Fremdenführerin« an und lassen Sie an den jeweilgen Stationen Bilder Ihrer eigenen Vergangenheit hochsteigen.

Wir starten unsere Reise in einer kleinen Seitenstraße. Hier ist es ruhig und dunkel. Blicken Sie auf den gepflasterten Weg und stellen Sie sich diese Fragen:

Wie viele Stolpersteine gab es in meinem Leben?

Über welche verschlungenen Pfade führten mich die Lebenswege?

Wie oft bin ich in einer Sackgasse gelandet?

Welche Wege möchte ich in Zukunft gehen?

Wir nehmen unsere biografische Wanderung mit allen Sinnen auf und gehen einige Schritte weiter.

Dann bleiben wir vor einem Obstladen stehen und bewundern Obst und Gemüse, das übersichtlich und farblich sortiert unter einer rot-weiß gestreiften Markise zum Verkauf feilgeboten wird. Früher gab es diesen weltweiten Handel wie heute noch nicht und daher konnte man fast alles nur zur hiesigen Erntezeit kaufen.

Erinnern Sie sich noch, wann es

- *den ersten Spinat,*

- *die ersten Aprikosen und Kirschen,*

- *den ersten Spargel,*

- *die ersten Frühkartoffeln oder*

- *die ersten Weintrauben*

gab?

Erdbeerzeit war Einkochzeit: Wie roch es damals zu Hause?

Was wurde zur Sommerzeit alles eingekocht, eingelegt und später auch eingefroren?

Die Wanderung führt uns auch an einem Haus vorbei, das die Praxis eines Arztes beherbergt. Ein großes Messingschild deutet darauf hin.

Welche Erinnerungen haben Sie an Krankheit und Schmerz?

Waren Sie als Kind oft krank?

Wie verbrachten Sie die Zeit der Erkrankung, wenn Sie nicht in die Schule gehen mussten?

Erinnern Sie sich noch an Ihre erste Impfung?

Ein paar Schritte weiter, und wir befinden uns schon am Hauptplatz. Hier herrscht reges Kommen und Gehen. Zwischen Rathaus und Gericht halten wir inne. Männer in dunklen Anzügen und mit Krawatte kreuzen unseren Weg. Frauen in Kostümen und schicken Kleidern drängen sich an uns vorbei.

Welche Behördenwege und unerledigte Amtshandlungen kommen Ihnen dabei in den Sinn?

Würden Sie sich gerne politisch engagieren?

Waren Sie schon einmal in einen Prozess verwickelt?

Wie denken Sie über Strafe und Bestrafung?

Was halten Sie von Justitia, die mit verbundenen Augen die beiden Waagschalen von Recht und Unrecht hält?

Verspüren Sie an diesem Ort Beklemmung oder gar Angstgefühle?

Wenn ja, dann atmen Sie mehrmals tief durch.

Wir verlassen diesen Ort und bummeln weiter. An der Ecke gegenüber gibt es ein großes Schuh- und Lederwarengeschäft, das uns magisch anzieht. Drinnen weckt der Geruch von Leder Erinnerungen an Großmutters schwarze Handtasche.

Gehen Sie gerne in ein Schuhgeschäft oder ist es für Sie eine Plage, das passende Paar zu finden?

Erinnern Sie sich noch an das erste Paar Schuhe, das Sie trugen?

Wer hat sie Ihnen gekauft oder geschenkt?

Brauchen Sie eine neue Handtasche?

Welche Farben bevorzugen Sie?

Wir sind ein wenig hungrig geworden. Hier am Hauptplatz befindet sich auch eine kleine Bäckerei. Der Duft von frischem Brot und Gebäck lässt Kindheitserinnerungen hochkommen:

Wie weit war der Weg bis zur nächsten Bäckerei?

Wie viel hat damals ein Brötchen gekostet?

Wurde bei Ihnen zu Hause am Samstag noch Brot im »Sparherd« gebacken?

Mögen Sie süße Mehlspeisen?

Was war Ihr Lieblingskuchen oder -gebäck?

Können Sie den Geschmack auf der Zunge und im Gaumen spüren?

Erinnern Sie sich noch an die kleinen Tafeln Schokolade von Bensdorp oder Milka?

In unserer kleinen Stadt gibt es keinen Supermarkt, dafür einen Metzger. In der Auslage werben auf einem überdimensionalen Plakat offensichtlich glückliche Rinder für eine Wurstsorte. »Heute Bio-Lamm« ist auf einem handgeschriebenen Zettel daneben zu lesen.

Erinnern Sie sich noch an die Scheibe Extra-Wurst, die Ihnen als Kind von der freundlichen Frau über die Theke gereicht wurde?

Wo kaufen Sie gerne ein?

Was müssen Sie demnächst wieder einkaufen, weil der Vorrat sich dem Ende zuneigt?

Wie haben sich Ihre Essgewohnheiten über die Jahre verändert?

Was ist Ihr Lieblingsgericht?

Was mögen Sie überhaupt nicht?

Was werden Sie am nächsten Sonntag kochen/essen?

Döner Kebab und honigsüßes Baklava beim türkischen Geschäft gleich um die Ecke wecken Urlaubserinnerungen an den Großen Basar von Istanbul und die Urlaubsstrände von Antalya und entführen in eine exotische Welt voller kräftiger Gewürze und bunter Farben.

Waren Sie schon einmal am Meer?

Wenn ja, wo war das?

Planen Sie bereits Ihren nächsten Urlaub?

Mit wem würden Sie gerne verreisen?

Haben Sie einen Lieblingskoffer, der Sie überallhin begleitet?

Wenn Sie nur drei Dinge auf eine Reise mitnehmen könnten, welche wären das?

1. ....

2. ....

3. ....

Die vielen Eindrücke haben uns müde gemacht. Vom Hauptplatz führt direkt ein breiter Weg zum kleinen Dom unserer Stadt. Wir betreten durch das große Tor den sakralen Innenraum und spüren Kühle und Ruhe.

Flüchten Sie manchmal aus der Hektik in die Stille einer Kirche?

Suchen Sie solche Orte gerne auf oder lehnen Sie diese ab?

Mögen Sie Glockengeläut?

Wie hat sich Ihr Glaube im Laufe der Zeit gewandelt?

Woran glauben Sie heute?

Wir verlassen den Kirchenraum wieder. Der Weg führt uns nun entlang der alten Häuser mit blumengeschmückten Fenstern und Balkonen, vorbei an geschwungenen Treppenaufgängen und schmiedeeisernen Gartentoren. Vor dem Wirtshaus »Zur alten Post« bleiben wir noch einmal kurz stehen:

Erinnern Sie sich an den ersten Rausch in Ihrem Leben?

Wie alt waren Sie damals?

Wie ist es Ihnen danach ergangen?

Gehen Sie gerne ins Gasthaus?

Erinnern Sie sich noch an Sonntagsausflüge?

Was gab es damals im Ausflugslokal zu essen und zu trinken?

Waren Lakritze, Zitronen- und Erdbeerlutscher oder Himbeerbonbons für Sie Köstlichkeiten, an die Sie sich gerne erinnern?

Nun haben wir unser Ziel erreicht. Wir setzen uns auf eine Bank im Stadtpark und lauschen dem Vogelgezwitscher. Der Wind spielt mit den Blättern, die Äste der großen, alten Bäume machen hin und wieder ein knarrendes Geräusch. Vor uns liegen weite Grünflächen, umrandet von Blumenbeeten und Rosenbüschen. Nicht weit von unserem Sitzplatz entfernt befindet sich ein kleiner Weiher. Enten ziehen ihre Runden und manchmal kommt auch ein Goldfisch an die Wasseroberfläche; dann leuchtet es für einen kurzen Moment Orange auf.

Erinnern Sie sich an Spaziergänge im Park als Kind?

Gab es dort auch einen Spielplatz?

Ist die Natur für Sie eine Kraftquelle?

Was benötigen Sie, um Ihre Lebensbatterien regelmäßig aufzuladen?

Wie und wo erholen Sie sich gut?

Was haben Sie zu Ihrer Entspannung schon lange nicht mehr getan?

Sie empfinden ein Gefühl von Geborgenheit und Zuversicht. Sie spüren gut den Boden unter Ihren Füßen. Sie sind wohlbehalten nach der Stadtführung wieder im Hier und Jetzt angekommen.

Es geht Ihnen gut und Sie bringen viele Eindrücke und Erlebnisse mit.

Jede Stadt und jeder Ort trägt diesen ganz besonderen Zauber in sich. Wer offenen Auges durch die Welt geht, kann sich überall stimulieren lassen und Altes und Vertrautes mit neuen Augen entdecken. Man muss sich nur Zeit nehmen für die Reise in die Vergangenheit und den aufsteigenden Gedanken, Bildern und Gefühlen einen entsprechenden Platz einräumen. Dann kann sich Erinnerungsarbeit zu einer starken inneren Kraftquelle entwickeln, weil der Alltag mit all seinen Problemen, Sorgen und Nöten ausgeblendet wird. Auch wenn »damals« nicht alles schöner, besser und leichter war, aber sich der Vergangenheit als einer Richtschnur für die Zukunft zu bedienen, das gibt Mut und die nötige Ausdauer, um mit den aktuellen Belastungen besser fertigzuwerden. Hin und wieder sich selbst auf die Schulter klopfen, wenn es kein anderer tut, und sich selbst dafür zu loben, eine Sache gut gemacht zu haben, das stärkt die Zuversicht. Wer gestresst durch die Stadt läuft oder den Blick nicht vom Display seines Mobiltelefons abwendet, wird das Rauschen der Bäume ebenso wenig wahrnehmen wie all die vielen Erinnerungsimpulse, die diese Gegend gerade aussendet.

Sehnsuchtsorte der Gegenwart

Unterwegs sein, zu neuen Horizonten aufbrechen, das beflügelt für gewöhnlich den Geist. Die Neugier auf Unerforschtes und die Ferne, dorthin zu gehen, wo wir noch niemals waren, bleibt als ungestillte Sehnsucht in uns. Viel zu lange überlisten wir Gefühle wie das Fernweh und sagen uns: »Später ist auch noch Zeit!« Doch dann ist es vielleicht schon zu spät, weil wir zu müde und zu alt geworden sind, um uns auf Wanderschaft zu begeben und auf das Neue einzulassen. Udo Jürgens hat mit seinem Lied »Ich war noch niemals in New York« einen »Ohrwurm« komponiert, der Sehnsüchte in uns weckt.

Haben Sie sich schon einmal richtig frei gefühlt, losgelöst von allen Zwängen?

Oder träumen Sie abends beim Einschlafen manchmal davon, am nächsten Morgen in einer anderen Welt und in einem anderen Land aufzuwachen?

Vielleicht helfen Ihnen diese Fragen, um den persönlichen Wünschen näherzukommen:

- Wo war ich noch nie?

- Was möchte ich noch alles erleben?

- Welche Reise wollte ich schon immer unternehmen?

- Welcher Kontinent fasziniert mich am meisten?

- Welche drei Städte möchte ich unbedingt besichtigen?

- Kenne ich überhaupt die nähere Umgebung meines Wohnortes?

- Was gibt es alles im Umkreis von 200 Kilometern zu entdecken?

Jede Reise, egal wie weit sie ist und wohin sie uns führt, beginnt mit einem ersten Schritt!

Zusammenfassung

- Um uns zu erinnern, genügt oft ein Duft oder ein Gefühl. Manchmal ist es auch ein Geräusch oder ein Ton, der Erinnerungsspuren belebt. So entstehen Bilder im Kopf.

- Das Gedächtnis funktioniert jedoch nicht wie ein Fotoapparat, der exakt und wahrheitsgetreu den Augenblick registriert und konserviert. Störende und unpassende Elemente werden herausgefiltert; schöne Momente und interessante Details hingegen verstärkt und vergrößert.

- In jedem Lebensalter werden bestimmte Erinnerungen gepflegt und kultiviert. Kinder erinnern sich an erst kurz zurückliegende Ereignisse. Männer und Frauen setzen unterschiedliche Prioritäten im Erinnern.

- Ohne Emotionen gibt es keine Erinnerung!

- Erinnerungen an die Kindheit verlieren im Laufe der Jahre ihre Intensität und Außergewöhnlichkeit. Vieles wiederholt sich und erscheint im Spiegel der Zeit nicht mehr so interessant und einzigartig. Im Erwachsenenalter besteht zudem die Möglichkeit, jedes erinnerte Ereignis zu verschönern oder überhaupt neu zu erfinden.

- Ältere Menschen nehmen ihren negativen Erinnerungen oft die Schärfe und lassen unangenehme, schmerzhafte und schwierige Erfahrungen wie durch einen Schleier betrachtet in einem neuen, positiven Licht erscheinen. Frei nach dem Motto »Mit schönen Erinnerungen lebt es sich leichter!«

- Amüsieren Sie sich über die Flüchtigkeit der Gedanken und bleiben Sie nicht zu lange im Erinnerungsgeflecht verschiedenster Gefühle und Bilder hängen. Weniger ist in jedem Fall mehr! Die Qualität einer Erinnerung hängt nicht von der Länge des erinnerten Ereignisses und von der Detailgenauigkeit ab, sondern von der Gefühlsintensität.

Zu guter Letzt zwei wichtige Impulse

1. Lassen Sie sich von Ihrer Umgebung inspirieren und nehmen Sie sich täglich eine kurze Auszeit – nur wenige Minuten – vom Alltagstrott. Bleiben Sie einfach stehen und berühren Sie mit der Hand die Rinde eines Baumes oder beobachten Sie Kinder auf einem Spielplatz beim Schaukeln und Ballspielen, nehmen Sie den Geruch einer gelben Heckenrose auf, die über den Holzzaun klettert, oder hören Sie dem Plätschern des Wassers eines Springbrunnens zu und erinnern sich dabei an ein ganz persönliches Erlebnis oder Ereignis, das ein gutes Gefühl hinterlassen hat. Genießen Sie diesen Augenblick der Erinnerung und Entspannung!

2. Wenn Sie etwas besonders Schönes erleben, das Sie berührt und an das Sie sich gerne immer wieder erinnern würden, dann versuchen Sie, sich möglichst viele Details im Gedächtnis einzuprägen. Schauen Sie lange genug hin und nehmen Sie Bewegungen, Farben, Geräusche, Worte und Töne intensiv auf. Versuchen Sie, von dieser Situation ein »inneres Foto« zu machen, indem Sie die Augen schließen. Überprüfen Sie hinter geschlossenen Lidern, ob Sie alles von der Wirklichkeit in die Erinnerung aufnehmen konnten. Rufen Sie in regelmäßigen Abständen dieses Bild ab. Mit der Zeit allerdings werden die Erinnerungsspuren verblassen, was gut ist, denn womöglich zeichnet sich schon ein neues interessantes, betörendes Erlebnis ab, das anklopft, um in den Spiegel der Erinnerungen aufgenommen zu werden – aber nur so lange, bis auch diese Bilder wieder vergessen werden.

2. Eine Schatzkiste voller Erinnerungen

Wie jede Blüte welkt und jede Jugend dem Alter weicht, blüht jede Lebensstufe, Blüht jede Weisheit auch und jede Tugend zu ihrer Zeit und darf nicht ewig dauern.

Hermann Hesse

In diesen vier Zeilen des Gedichts »Stufen« von Hermann Hesse finden sich alle »Zutaten« für den Blick auf die eigene Lebensgeschichte. Zum einen widmet sich jede Rückschau einem konkreten Ereignis in einem bestimmten zeitlichen und gesellschaftlichen Rahmen. Wenn es sich um eine schöne Erinnerung handelt, dann »blüht« diese farbenprächtig und bunt; kommt der/dem Erinnernden jedoch ein schmerzvolles, wehmütiges Erlebnis in den Sinn oder handelt es sich um eine Krise, einen Stolperschritt auf den Lebensstufen, die wir raschen Schrittes vorwärtseilend bewältigen, ehe wir die letzte erreicht haben, dann bleiben vertrocknete Blüten zurück und verströmen einen Hauch von Vergänglichkeit. Simone de Beauvoir (vgl. Kapitel 1) und Hermann Hesse verwenden das Blühen und das Verwelken als Metaphern für Erinnerungsspuren und Lebensabschnitte. Freude wie

Schmerz dauern immer nur eine bestimmte Zeit und schreiben sich gleichermaßen unauslöschlich ein auf jedes Kalenderblatt unseres Lebens.

Sich seiner persönlichen Biografie zu stellen, bedeutet immer der Blick zurück auf vergangene Tage bis ins Jugendalter. Dabei stellen sich diese Fragen:

Auf welcher Stufe stand ich damals, als ...?

Wo stehe ich heute?

Wie fühlt sich dieser augenblickliche Standort meines Lebens an?

Wohin führt mich mein Weg morgen?

Welche Ziele verfolge ich ehrgeizig?

Hermann Hesse hat die Lebensstufen lyrisch beschrieben und darin die Hoffnung und den Wunsch deponiert, jede Phase möge zu ihrer Zeit blühen. Jahrzehnte später entwickelte Erik H. Erikson das Stufenmodell der psychosozialen Entwicklung, das jeder Mensch von seiner Geburt bis zum Tod durchlaufen muss. Der Übergang von einem Lebensalter zum anderen bedeutet Konflikt und Krise, aber auch die Chance, bei guten Bedingungen jene Werte zu entwickeln, die für uns von elementarer Bedeutung sind und unser Überleben sichern: Urvertrauen,

Autonomie, Kreativität, Identität, Solidarität und die Liebe zur Zukunft, damit wir im Alter Integrität erreichen und das Leben mit all seinen Höhen und Tiefen so annehmen können, wie es war. (Vgl. Kapitel 4)

Das im Gedicht thematisierte Blühen und Wachsen, Gedeihen und Ernten kann jedoch nur dann geschehen, wenn wir selbst wie Gärtnerinnen und Gärtner unseren eigenen Garten der Erinnerung und der Vergangenheit kultivieren und darauf achten, dass nicht das Unkraut und der Wildwuchs zu sehr überhandnehmen. Der Jahreskreislauf mit seinen festen Bräuchen und Riten bietet sich immer wieder an, einen kurzen Blick zurück in die nahe Vergangenheit zu riskieren, um die Gegenwart besser verstehen und die Zukunft vielleicht blühender gestalten zu können:

- Wenn ich an das vergangene Jahr zurückdenke, was ist mir vom Frühling, vom Sommer, vom Herbst und vom Winter nachhaltig in Erinnerung geblieben?

- Wo habe ich im Frühling die ersten Krokusse gesehen?

- Wie war Ostern letztes Jahr?

- Wann war der schönste Sommer meines Lebens und was habe ich damals erlebt?

- Wer hat mir wann und zu welchem Anlass Rosen geschenkt?

- Wem habe ich zuletzt und zu welchem Anlass Blumen geschenkt?

- Wann und bei wem hatte ich das letzte Mal »Schmetterlinge im Bauch«?

- Welches Bild, welche Farben und Gerüche verbinde ich mit dem Herbst?

- Welchen »Erntedank« kann ich in meinen persönlichen Speicher einbringen?

- Was unterscheidet den heutigen Winter von jenen der Kindheit?

- Was hat sich im Laufe der Zeit alles verändert?

- Zum Guten oder zum Schlechten?

- Welche Erfolge gab es zu feiern?

- Worauf bin ich ganz besonders stolz?

Jeder Monat trägt einen Anfang und ein Ende in sich

In den vier Jahreszeiten vereinigen sich die Monate und die Jahreszeiten wiederum werden zum Jahr. Ähnlich den Ringen eines gesunden, wachsenden Baumes reiht sich auch in unserem Leben ein Jahr an das andere. Es gibt die »fetten« Jahre, die wir in guter Erinnerung behalten, und es gibt sogenannte »magere« Jahre, in denen die Ausbeute bescheiden bleibt. Jeder Monat hat nicht nur eine ganz spezielle Farbe und einen eigenen Geruch, sondern auch viele Eigenschaften, die zu persönlichen Erlebnissen an bestimmten Tagen innerhalb der Monatsfrist ein facettenreiches Bild unserer Existenz entwickeln. Der Rückblick auf das abgelaufene Jahr lässt noch einmal Lebensereignisse aufblitzen und stellt ein gutes Instrument gegen die Vergänglichkeit dar. Es lohnt sich, dem immer wiederkehrenden gleichen Rhythmus der Jahreszeiten zu folgen und dabei die eigenen Gefühle zum Ausdruck zu bringen.

Methode »Jahresplan«
Im »Jahresplan« sind die zwölf Monate aufgezählt. Ich habe einige Begriffe notiert, die mir für den jeweiligen Monat bezeichnend erscheinen. Ergänzen Sie in den Feldern, was Ihnen noch dazu einfällt oder was Sie im Vorjahr/in diesem Jahr im jeweiligen Zeitfenster erlebt haben.

Jahresplan

Januar	Februar	März
Neujahr mit vielen guten Vorsätzen Schlitten fahren Erkältung	Ballsaison Masken und Verkleidungen Pelzmütze Aschermittwoch	Aufbruch Ostern, Weidenzweige Schneerosen Schneeschmelze

April	Mai	Juni
"In den April schicken" Wind und Wolken Übergangsmantel Veilchen, Tulpen	Muttertag Maiglöckchen Holunderduft Pfingstrosen und Lilien	Sonnwendfeuer Sommerbeginn Gewitter Erdbeeren und Himbeeren

Juli	August	September
Schulschluss und Ferien Bergsteigen Ins Meer schauen Liegestuhl und Faulenzen	Monat der Rückkehr Mitbringsel wie Muscheln und Steine sortieren Feucht und schwül	Schulbeginn Herbst Blätter, die leise fallen Altweibersommer

Oktober	November	Dezember
Erntedank Weintrauben Holz für den Winter Kühle des Abends	Melancholie und Nebel Allerheiligen Grabschmuck Glühwein und Kamillentee	Advent Vorfreude auf Weihnachten Vogelhäuschen aufhängen Schneemann bauen

Jahresplan © Doris Tropper: *Die Schätze des Lebens.*
Das Handbuch der bewussten Erinnerung, mvg Verlag.

Jedes Jahr bringt große und kleine Ereignisse, angenehme Stunden, erfolgreiche Augenblicke, aber auch unliebsame Erlebnisse und unerquickliche Dinge mit sich. Wenn die Tage ausgefüllt mit Betätigung sind, dann vergehen sie – unserem Gefühl nach – sehr schnell. Alte Menschen, die in Pflegeheimen ihren Lebensalltag verbringen, warten Tag für Tag geduldig darauf, dass die Stunden verstreichen, doch es scheint, als würden unsichtbare Hände die Zeiger der Uhren anhalten. Das liegt daran, dass sie sich nicht mehr beschäftigen können und ein Übermaß an Zeit zur Verfügung haben. Wie gerne würden wir, die wir mitten im Leben stehen und tausend Dinge zu erledigen haben, etwas mehr von dieser Zeit besitzen, um unseren Tag verlängern zu können. Da das nicht möglich ist, bleibt nur die immer wiederkehrende Klage, dass die Zeit doch viel zu schnell vergehe und uns wie Sand zwischen den Fingern davonrinne. Für kleine Kinder hingegen kann ein einziger Tag eine unendliche Länge entwickeln, weil sie intensiv leben und jede Sekunde darauf warten, dass sich etwas Neues, Spektakuläres ereignet.
Es ist eine Tatsache, dass jeder Tag nur 24 Stunden hat.

Was machen Sie so den ganzen Tag?

Wie viele Stunden schlafen Sie?

Wie lange arbeiten Sie?

Wie viel Zeit bleibt für die Familie?

Wie viel für Freunde?

Können Sie Ihren Hobbys nachgehen?

Wer oder was sind die intensivsten »Zeitfresser« Ihres Alltages?

Tragen Sie Ihren Tagesablauf in den Kreis ein und betrachten Sie kritisch, wie viel Lebenszeit Sie täglich für bestimmte Aktivitäten verwenden.

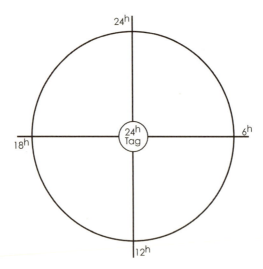

Schauen Sie sich Ihren Tagesablauf genau an und stellen Sie sich folgende Fragen:

Hat mein Tagesablauf immer so ausgesehen?

Wie war es früher?

Haben sich im Laufe der Zeit die Prioritäten verschoben?

Gibt es für mich überhaupt noch Zeitreserven?

Wie würde ein 24-Stunden-Tag ganz nach meinen Vorstellungen und geheimen Wünschen aussehen?

Was müsste ich heute verändern, damit es morgen so weit sein kann?

Es gibt immer ein »erstes Mal«

Auch wenn Sie das »Rad der Zeit« weder zurückdrehen noch den Geschwindigkeitsverlauf verändern können, jedes Lebensjahr entwickelt seine eigene Qualität und Bedeutung. Manchmal leuchtet uns die Sinnhaftigkeit bestimmter biografischer Ereignisse erst zu einem viel späteren Zeitpunkt ein oder wir sind geläutert und akzeptieren den Lauf der Dinge und nehmen das Geschehene als schicksalhaft hin. Es sind nicht immer die ganz großen Ereignisse, die breite Spuren in der Erinnerung hinterlassen, sondern kleine, fast nebensächliche Erlebnisse, die von bleibendem Wert sind. *Das erste Mal im Leben* trägt einen besonderen Zauber in sich. Es gibt immer für etwas das erste Mal und manches wird auch heute noch freudig und leidenschaftlich oder ganz und gar ablehnend erinnert.

Unterschiedlich intensiv können die Erinnerungen sein an
- das allererste Paar Schuhe,
- das Lieblingsspielzeug,
- den ersten Schultag,
- den ersten Kuss,
- die erste große Liebe,
- das erste Mal Sex,
- den ersten Tanzabend,
- die erste Ausfahrt mit dem Führerschein,
- das erste eigene Auto,
- den ersten Blechschaden oder Unfall,
- die erste Reise alleine ohne die Eltern,
- die erste Zigarette,
- das allererste Glas Schnaps, Bier oder Wein
- und vieles mehr!

Welches »erste Mal«, das Spuren hinterlassen hat, kommt Ihnen spontan in den Sinn?

Wer sich mit den Fragen nach dem ersten Mal auseinandergesetzt und nicht nur darüber hinweggelesen hat, der wird bestätigen, dass unterschiedliche, manchmal auch sich widerstrebende

Gefühle in ihm aufsteigen. Vielleicht gibt es zusätzlich zum inneren Erinnerungsbild auch noch eine lustige und schöne oder peinliche und schreckliche Geschichte. Egal, ob sie wahr ist und hundertprozentig den damaligen Gegebenheiten entspricht oder nicht, erinnern Sie sich daran und spüren Sie noch einmal allen Gefühlen nach. Vergessen Sie aber nicht, sich rechtzeitig wieder von den Geschichten und Gedanken zu lösen, um diese in die Flüchtigkeit der Vergangenheit zu entlassen. Belastende Erinnerungsschleier können Sie loswerden, indem Sie an etwas ganz anderes denken oder sich bewusst einer neuen Sache zuwenden.

Die Schule im Spiegel der Erinnerung

Es gibt ein Thema, das alle Menschen in unserem Kulturkreis betrifft und das vielleicht noch heute Herzklopfen – vor Freude oder vor Angst – auslöst: die Schule und alle damit verbundenen Erinnerungen!

Die Schule als Institution kann auf eine lange Tradition zurückblicken: Die Sumerer sollen bereits im 4. Jahrtausend vor Christus sogenannte Tafelhäuser eingerichtet und ihren Nachwuchs unterrichtet haben. Im alten Ägypten genossen Kinder aus wohlhabenden Häusern, die schreiben und lesen konnten, großes Ansehen, denn ihnen öffneten sich später die Türen zu den höchsten Ämtern wie Priester oder Beamte. Die Schüler im antiken Griechenland benutzten schon früh Wachstafeln und Papyrus zum Schreiben. Nicht überliefert sind Quellen, die uns verraten, ob auch damals schon die Lernenden von den Lehrenden hin und wieder gequält wurden. Im europäischen Mittelalter war ursprünglich den Klöstern die Einrichtung von Schulen vorbehalten; im 13. Jahrhundert öffneten sich die Pforten öffentlicher Schulen. Kaiserin Maria Theresia, strenge Regentin und Mutter von 16 Kindern, führte 1774 die allgemeine Schulpflicht in Österreich ein. Holztafeln und Wachsplatten dienten damals als Schreibutensilien.

Lange Zeit war die körperliche Züchtigung durch den Lehrer üblich. Vielleicht erinnern sich die Älteren unter uns noch daran, dass ihnen bei geringstem Fehlverhalten in der Schule mit dem Rohrstock auf die Finger geschlagen wurde. Der gesellschaftliche Auftrag an das Schulsystem hat sich längst gewandelt: Heute sollen junge Menschen durch die Vermittlung von Bildung zu mündigen und verantwortungsvollen Persönlichkeiten heranwachsen.

Was bedeutet Bildung im weiteren Sinne?
Neben dem Wissen geht es vor allem um das Erlernen von Fähigkeiten und die Vorbereitung auf die späteren Anforderungen in Beruf und Gesellschaft. Zu den Grundfähigkeiten Schreiben und Lesen treten eine Vielzahl von zusätzlichen Qualifikationen. Häufig wird der Schule auch noch ein Erziehungsauftrag übertragen, der eigentlich bei den Eltern liegt. In einer demokrati-

schen Gesellschaft soll jedem Schüler und jeder Schülerin eine faire und gleiche Chance gegeben werden – dass diese Forderung noch immer nicht überall umgesetzt wird, darauf weist der zentrale Streitpunkt jeder Bildungspolitik, nämlich die Realisierung von Chancengleichheit.

Auf der anderen Seite stehen die Schüler, die sich seit jeher in Fantasien üben, was sie ihren manchmal auch verhassten Lehrern alles antun könnten. Es kursieren Geschichten über das Auftragen von Superkleber auf dem Lehrerstuhl bis zum Abmontieren von Türklinken oder das Verstecken des Klassenbuches. Sich dem Unterricht durch Schuleschwänzen zu entziehen, wird heute immer schwieriger, weil die Eltern umgehend informiert werden. In Österreich müssen die Erziehungsberechtigten sogar mehrere Hundert Euro Strafe zahlen, wenn ihr Nachwuchs regelmäßig der Schule fernbleibt. Wilhelm Busch lässt in seiner Geschichte von *Max und Moritz* dem braven und biederen Lehrer Lämpel durch die beiden Lausbuben übel mitspielen, indem sie Flintenpulver in seine geliebte Pfeife stopfen. Der Streich gelingt und der arme Lehrer steht am Ende plötzlich so da:

Nase, Hand, Gesicht und Ohren
Sind so schwarz als wie die Mohren,
Und des Haares letzter Schopf
Ist verbrannt bis auf den Kopf.

Willhelm Busch

Wie sah Ihre »Schullaufbahn« aus?

- Waren Sie ein braver Schüler / eine brave Schülerin oder eher verhaltensauffällig?

- Können Sie sich noch an Schulstreiche erinnern?

- Haben Sie noch Kontakt zu den alten Schulfreunden?

- Gibt es noch Klassenfotos zum Anschauen?

- Wie lange haben Sie Ihre Zeugnisse nicht mehr in der Hand gehabt?

- Bewahren Sie alte Schulhefte mit Hausübungen und Schularbeiten noch auf?

Ich selbst habe, was meine ersten zwei Schuljahre anbelangt, traumatische Erfahrungen gemacht. Dieser Umstand hing mir lange nach. So habe ich Freunde, die Pädagogen sind, viel aufmerksamer und kritischer betrachtet und jedes noch so leichtfertig von ihnen dahingesagte Wort sprichwörtlich auf die »Goldwaage« gelegt. In Kursen und Seminaren haben mich Lehrerinnen und Lehrer nur durch ihre bloße Anwesenheit sofort zu Widerspruch und sogar Widerstand animiert und ich habe mich vehement an den schier endlosen Diskussionen über die Länge der Ferien und die Lehrer-Arbeitszeiten beteiligt. Dabei schwangen immer meine eigenen negativen Erfahrungen mit, sicher auch manches Vorurteil und manche unrichtige Information.

Erst die Schulzeit der eigenen Kinder und die neuen Erfahrungen mit deren Lehrerinnen haben zu einem Umdenken und zu einer Neubewertung bei mir geführt. Anfänglich nur in Sprechstunden, später auch in vielen Begegnungen und einem fast freundschaftlichen Kontakt außerhalb der Schule konnte ich mich von den belastenden Bildern der eigenen Volksschulzeit befreien. Indem ich mich meinen Ängsten und ablehnenden Gefühlen stellte und darüber sprach, lösten sich innere Blockaden und Verkrampfungen und ich bekam einen neuen Zugang zum Thema Schule. (Methoden dazu sind ausführlich im Kapitel 3 beschrieben)

Diese Öffnung ermöglichte es mir, häufig Gast in Schulen zu sein mit Vorträgen und Seminaren zu Themen wie Alter, Krankheit, Trauer oder Angst und intensive Gespräche mit Schülerinnen wie Schülern zu führen, die in der Zeit der Pubertät und Abnabelung Probleme mit Eltern und Lehrern hatten. Auch heute denke ich noch gerne an die vielen unterschiedlichen Aufgaben zurück, die ich lange während meines Arbeitslebens in Schulen zu bewältigen hatte. Vielleicht waren meine eigenen Erfahrungen dafür hilfreich, die schwierige Situation von Schülern besser verstehen zu können, weil mir nur wenige Worte genügten, um die angesprochene Situation zu begreifen und die Gefühle des Kindes zu entschlüsseln.

Ich habe zu dem uns alle betreffenden Thema Schule eine Assoziationskette mit Wörtern und Begriffen entwickelt und es hat mich sehr amüsiert, dass bei der alphabetischen Reihenfolge ausgerechnet die Wörter »Angst« und »Zeugnis« an erster und letzter Stelle stehen! Lesen Sie aufmerksam Wort für Wort und fragen Sie sich, welche Bilder, Gefühle und Geschichten Ihnen dabei durch den Kopf gehen. *Welche Erinnerungen haben Sie an Ihre eigene Schulzeit?*

Übung »Schule« – Assoziationskette mit Begriffen und Wörtern

Angst	Bleistifte
Buntstifte	Butterbrot
Deutsch	Diktat
Direktion	Elternverständigung
Englisch	Farbstifte
Ferien	Filzstifte
Freundinnen/Freunde	Füller
Glocke	Hausmeister
Kakao	Katheder
Klassenbuch	Klassenfahrt
Klassenfoto	Kreide

Latein	Lehrerstuhl
Lieblingsgegenstand	Lieblingslehrer
Mathematik	Musik
Noten	Ölkreiden
Pausenbrot	Pausenhof
Prüfungen	Pubertätsgeruch
Rauferei	Schularbeiten
Schularzt	Schulbank
Schule schwänzen	Schulgebäude
Schulheft	Schulkantine
Schulkleidung	Schulleiter
Schulmilch	Schulschluss
Schultasche	Schultor
Schultüte	Schuluhr
Schulverweis	Schulweg
Schwamm	Schwarzes Brett
Sommerferien	Spickzettel
Sprechtag	Tafel
Tinte	Tränen
Turnen	Zeugnis

Passend zum Thema Schule möchte ich dieses wichtige Kapitel im Leben eines jeden Menschen mit dem Zitat eines Klassikers beschließen, das vieles relativiert, was im Unterricht als »groß und wichtig, ja sogar lebensnotwendig« dargestellt wurde. Johann Wolfgang von Goethe meinte lakonisch:

»Wem zu glauben ist, redlicher Freund, das kann ich dir sagen: Glaube dem Leben; es lehrt besser als Redner und Buch«.

Johann Wolfgang Goethe

Die Magie der Dinge

Hinter jedem Wort verstecken sich Geschichten, die schön und lustig, aber auch traurig und belastend sein können oder Wehmut wecken. Manchmal genügt ein ganz simpler Gegenstand, der einem plötzlich in die Hand fällt, wie zum Beispiel eine bunte Murmel, und schon beginnt die Magie der Erinnerung zu wirken. Selbst die Dinge des einfachen Lebens tragen Erinnerungsspuren und können zurückführen in eine Zeit, die schon lange vergangen ist. Der Blick auf die angeschlagene blaue Kaffeetasse, einen Messingmörser, das Mokka-Service im Schrank oder das letzte Bierglas aus einer Serie kann Erinnerungen hervorrufen. Jedes Besinnen löst Gefühle von Wehmut und Gedanken an die Vergänglichkeit aus. Manchmal erscheinen auch die Gesichter von längst verstorbenen Menschen vor unserem inneren Auge und wir haben das Gefühl, ihnen in diesem magischen Augenblick sehr nahe zu sein.

Einige Beispiele für Erinnerungsspuren:

Die Knopfschachtel

Früher hatte die Knopfschachtel ihren Platz im oberen Fach des Wäscheschranks und sie wurde nur selten hervorgeholt, es sei denn, ein Knopf musste angenäht werden. Für die Frauen damals war die Knopfschachtel besonders wertvoll, da sie nicht nur eine bloße Ansammlung von alten, gebrauchten Knöpfen zur Wiederverwertung darstellte, sondern ein Museum der ganz persönlichen Erinnerungen war. Da gab es bunte Glasknöpfchen von Großmutters weißer Bluse mit den blauen Tupfen, Knöpfe aus Silberdraht und Perlmutt, mit Seide, Samt und Brokatstoff überzogene Knöpfe, winzige Knöpfchen von Kinderkleidern, goldene Knöpfe von Onkels schmucker Gardeuniform, Riesenknöpfe von Tantes olivgrünem Paletot, die rauen Holzknöpfe von Großvaters Unterrock, weiße Perlknöpfe von einem Brautkleid, Knöpfe aus Elfenbein und Hirschhorn, silberne Trachtenknöpfe mit Edelweißmotiv. All diese bunten Kostbarkeiten haben die Kleidungsstücke überlebt, die sie einst schmückten, und in den meisten Fällen auch ihre Besitzer.

Momente der Kindheit

Erinnerungen an die eigene Kindheit tauchen ganz plötzlich auf: ein unbekanntes Kind, das mit seinem neuen Fahrrad die ersten Runden dreht und große Mühe hat, sich im Sattel zu halten; ein weißer lederner Fußball, der einem vor die Füße rollt und automatisch zurückgekickt wird; die Musik zum Fernsehfilm *Biene Maja*, Mädchen, die geschickt Gummitwist hüpfen; das knallrote Matchbox-Auto; überdimensionale Schultüten, die von

Knirpsen fest umklammert werden; ein sich drehender Kreisel oder „Klick-Klack-Kugeln", die einen höllischen Lärm verursachen; Brausepulver mit Waldmeistergeschmack; die wandlungsfähige Zeichentrickfamilie Barbapapa, die wieder einmal über den Bildschirm flimmert; oder ein Schluck köstliche Orangenlimonade – und schon durchleben wir schöne und wehmütige, glückliche und angstvolle Momente unserer eigenen Kindheit.

»Die 50er-Jahre«

Auf dem Tisch steht ein tragbarer Kofferplattenspieler der Marke Philips mit eingebautem Röhrenverstärker. Das Sammlerstück aus den 50er-Jahren hat die passende Bezeichnung „Hutschachtel". Als die Nadel aufgesetzt ist und die Platte sich zu drehen beginnt, singt Elvis Presley mit seiner unnachahmlichen Stimme „Love Me Tender". Dem „King of Rock 'n' Roll" eiferten die jungen Männer in jeder Hinsicht nach. Sie trugen eine Haartolle („Schmalzlocke") und Karohemden, Lederjacken und enge Jeans. Es gab neue Nylon- oder Perlonhemden, in denen man nicht mehr so stark schwitzte. Die Frauen verbrachten Stunden damit, sich die Haare zu toupieren und glamourös hochzustecken. Sie swingten mit ihren ausladenden breiten Röcken, den Petticoats, durch die Straßen. Zur Freizeitunterhaltung ließ man den bunten Hula-Hoop-Reifen um die Hüften kreisen. Die Elterngeneration hingegen war konservativ in jeder Hinsicht.

»Springerstiefel«

Erinnern Sie sich noch an dieses robuste Schuhwerk? Als provokantes Accessoire kamen die sogenannten Springerstiefel in den 70er-Jahren durch die skandalumwitterte Punkband Sex Pistols in Mode und wurden von den Jugendlichen der damaligen Zeit bevorzugt getragen. Nicht immer zur Freude der Eltern. In den 90er-Jahren kam es zum Revival: Die schwarzen Lederstiefel mit der extravaganten Schnürung wurden von ganz unterschiedlichen Musik- und Jugendbewegungen wieder aufgegriffen. Je nachdem, zu wem sich der Träger hingezogen fühlte, fiel die Wahl auf eine bestimmte Farbe für die langen Schnürsenkel. Nur Weiß war tabu, denn diese Farbe war das Erkennungszeichen rechtsradikaler Skinheads. Im Übrigen handelte es sich schon lange nicht mehr um die aus militärischem Material erzeugten Springerstiefel, sondern vielmehr um Doc Martens, Made in Großbritannien. Ihren Ursprung und ihre Entstehung haben sie jedoch in Deutschland.

Das erste Parfum

Meine erste Flasche Parfum schenkte mir eine Bekannte der Familie, als ich 14 Jahre alt war. Der Duft gefiel mir damals gar nicht: Es war Chanel N° 19. Trotzdem liebte ich die hübsche geschliffene Flasche mit dem Glasverschluss, und ich fühlte mich richtig erwachsen, wenn ich einen Tropfen auf die Haut tupfte. Von unseren Müttern und Omis kennen wir alle den Geruch von 4711 Echt Kölnisch Wasser in der unverkennbaren türkis-goldenen Verpackung. Dieser Duft ist mittlerweile bereits ein Klassiker, denn die Marke gibt es seit mehr als 220 Jahren! Vati oder Opa bekamen zu allen Anlässen das erfrischende Tabac After Shave oder Birkin Haarwasser geschenkt.

An welchen Duft aus Ihrer Kindheit erinnern Sie sich noch?

Wann bekamen Sie von wem Ihr erstes Parfum geschenkt?

Welche Marke?

Was ist heute Ihr Lieblingsduft?

Individuelle Lebenserinnerungen kultivieren

Wir leben nun einmal in einem spannenden Zeitalter der gigantischen Speicherkapazitäten auf unseren Computern, der Vervielfachung von Bildern durch die digitale Fotografie und wir sind zusätzlich einer unaufhörlichen Flut von Informationen und Reizen ausgesetzt.

- Wie kann es da überhaupt gelingen, in uns selbst (in unserem Gehirn und in unserem Herzen) sehr persönliche, aber auch wichtige Erinnerungen vor dem Vergessen aufzubewahren?

- Welche Methoden und Möglichkeiten gibt es für die Entwicklung individueller Ordnungssysteme?

- Wie können jene Erlebnisse, die im Laufe der Zeit schon schwach und farblos geworden sind, wie alte auf Metallplatten fixierte Fotografien, wiederbelebt und vielleicht von einem neuen Blickwinkel aus betrachtet werden?

Auf diese Fragen gibt es keine einheitlichen Antworten, schon gar kein Patentrezept. Jeder Mensch entwickelt im Laufe seines Lebens bestimmte Methoden persönlicher Erinnerungsarbeit. Sollen wir es Rapper Sido nachmachen, der mit seinem Song »Bilder im Kopf« einen Hit gelandet hat? Er lässt uns wissen, dass er die wichtigen und starken Erinnerungen in einer Art »schwarzem Fotoalbum mit Silberknopf« im Gehirn konserviert und archiviert, zusätzlich noch speichert, nummeriert und paraphiert, damit er sie wiederfindet, ehe alles verschwindet.
Hier einige Impulse, die helfen können, die Erinnerungen an besondere Augenblicke, an lebensgeschichtlich wichtige Erlebnisse und biografische Ereignisse vor dem Vergessen zu bewahren. Zudem sind es kreative Methoden, die auch Spaß machen und zu kontinuierlicher Auseinandersetzung und vor allem Veränderung der Objekte einladen. Hin und wieder ein Blick zurück in die eigene Vergangenheit kann Kraft und Zuversicht geben, um das Leben im Heute zu meistern und entspannt und neugierig in ein noch unbekanntes Morgen zu gehen.

Dann erhalten die Erinnerungen einen »inneren Wert«, weil sie kultiviert und konserviert werden, und auch einen »äußeren Wert«, weil beim Vorzeigen, dem Darüber-Sprechen oder auch beim lustvollen Spiel andere Menschen Anteil an unserer Geschichte und Biografie nehmen können. Wir alle verkörpern ein Stück Zeitgeschichte, egal, wie alt wir sind und was wir schon erlebt haben. Zudem haben wir alle unsere Erfahrungen gemacht und können eine Fülle von Informationen an andere weitergeben.

Methoden:
Einen »Erinnerungskoffer« packen
So, wie Sie für jede Reise oder für jeden Krankenhausaufenthalt einen Koffer mit bestimmten Dingen packen, können Sie sich auch einen »Erinnerungskoffer« zulegen, mit dem Sie eine Reise in die eigene Vergangenheit antreten und Ihrer Fantasie freien Lauf lassen. Darin haben reale Dinge ebenso Platz wie Erinnertes, das Sie stichwortartig auf einem Blatt Papier notieren.

Beispiele für den Inhalt eines »Erinnerungskoffers«:

Großmutters Hochzeitsbild
Mein alter Teddybär
Kinderbücher
Der erste Milchzahn

Eine dunkelblonde Locke

Ein Hüpfseil

Liebesbriefe, die mir vor 30 Jahren ein Verehrer geschrieben hat

Mutters Stopfpilz aus Holz

Ein kleiner Kinderkreisel

Zeichnungen und handgeschriebene Zettel von den Kindern

Ein gehäkeltes weißes Deckchen

Das silberne Zigarettenetui des Großvaters

Eine kleine Goldbrosche, die mir eine Tante vererbt hat

Vaters Schweizer Taschenmesser

Fotos aus Kindheit und Jugend

Glückwunschkarten zu den letzten Geburtstagen

Michael Hanekes Drehbuch zum Film *Liebe*

Muscheln als Erinnerung ans Meer

Urlaubsbilder

Ein Stück Lavendelseife

Meine derzeitige Lieblings-CD

Kalenderbuch vom Vorjahr

Ein türkisfarbenes Haarband

Postkarten und Eintrittskarten von besonders eindrucksvollen Sehenswürdigkeiten (Kap Sounion an der südlichsten Spitze Attikas, Diokletians Palast in Split, Nofretete-Büste in Berlin, Paula-Modersohn-Becker-Ausstellung in der Kunsthalle Bremen und Ähnliches)

Auf kleinen bunten Blättern stehen Erinnerungen, die sich nicht gegenständlich, nur gedanklich im Koffer ablegen lassen:

Kindergeburtstag
Letzter Arbeitstag
Aussprache mit meiner Schwester
Traumziel New York
Zerbrochene Kompottschüssel
Kirschen im Nachbargarten
Erinnerter Traum
Gesundheit
Älter werden
Geduld
Öfter lachen oder wenigstens lächeln
Sonntägliche Spaziergänge
und Ähnliches

Schatzkiste anlegen
Die Methode »Erinnerungskoffer« lässt sich auch sehr gut in einer persönlichen Schatzkiste umsetzen. Dazu müssen Sie sich eine bunte Schachtel kaufen oder selbst eine Schachtel mit Stoff überziehen und mit Glitzersteinchen oder Glasperlen verschönern oder eine Holzkiste entsprechend Ihren Vorstellungen und Ihres Geschmacks farbig lackieren.

Wichtig für Koffer & Kiste:

- Packen Sie hin und wieder alles aus und verändern Sie den Inhalt!

- Erinnern Sie sich an die Aussage, dass alles im Leben seine Zeit hat. Die Liebe, die Freude und das Glück ebenso wie die Sorgen, das Leid, die Trauer und die Stille. Manchmal aber gibt es auch Momente der dankbaren Erinnerung und der Zufriedenheit.

- Spüren Sie selbst in sich, wann es Zeit ist, Ihren Koffer oder Ihre Kiste zu öffnen, neugierig nachzuschauen, sich zu erinnern, um dann auch wieder den Deckel zu schließen.

Collagen kleben

Das ist eine meiner Lieblingsmethoden und ich bin mir absolut sicher, dass nicht alle meine Leserinnen und Leser mir dabei mit Kreativität und kindlichem Eifer folgen werden.

Nehmen Sie einen großen Bogen farbiges Naturpapier oder auch ein einfaches weißes Zeichenblatt zur Hand. Schneiden Sie aus alten Illustrierten Bilder mit Blumen, Landschaften und kulinarischen Leckerbissen aus. Suchen Sie aus Ihrem privaten Bilderarchiv Fotos und Aufnahmen heraus, die Ihnen im Augenblick wichtig sind. Kopieren Sie die Originale in einem Copyshop oder drucken Sie über Ihren Computer die gewünschten Motive aus. Bevor Sie zu kleben beginnen, legen Sie die lustvoll zugeschnittenen, unterschiedlich in Farbe und Form gestalteten Puzzlestücke auf, um zu sehen, ob Sie genügend Bildmaterial für den zur Verfügung stehenden Platz haben. Umgekehrt müssen Sie eine Selektion vornehmen, wenn Sie zu viele Schnipsel haben. Im Arbeitsprozess selbst können Sie immer wieder variieren und lustvoll arrangieren. Geben Sie der fertiggestellten Arbeit dann unbedingt auch einen Titel wie beispielsweise *»Die großen Auftritte meines Lebens«*, *»Wanderungen über Berg und Tal«*, *»Man soll die Feste feiern, wie sie fallen ...«*.

Besorgen Sie sich einen Wechselrahmen und hängen Sie Ihre Erinnerungscollage auf. Viel Spaß beim Arbeiten! Wenn sie Ihnen nicht mehr gefällt oder zu wenig aktuell erscheint, dann gestalten Sie sich einfach eine neue!

Erntewagen und Müllabfuhr
Der Erntewagen steht als Metapher für eine reiche Ernte, die in den Lebensspeicher Jahr für Jahr eingefahren werden kann. Das Kraftfahrzeug der Müllabfuhr hingegen eignet sich zum Abtransport von belastenden und negativ besetzten Erinnerungen.

In den Erntewagen gehören:

Mein erfolgreiches Projekt

Der gute Abschluss einer schwierigen Arbeit

Das Engagement für eine gute Sache

Die bestandenen Abenteuer

Das glückliche Ende einer Angelegenheit

Die freudigen Überraschungen

Zärtliche Stunden

Liebevolle Begegnungen

Die schönsten Momente im Leben

Alles, was ich gestern und heute schon geleistet oder bewältigt habe

...

In das Müllauto dürfen geworfen werden:

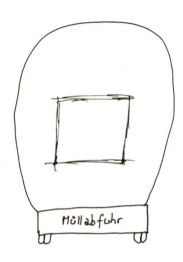

Ärger und Frust

Sinnlosigkeit

Vertane Stunden und Jahre

Belastende Situationen

Peinliche Erlebnisse

Schmerz

Hoffnungslosigkeit

Ungelöste Probleme

Alte Geschichten

„Schmutzwäsche" im übertragenen Sinn

Dummes Gerede der anderen

Bösartige Unterstellungen

Dinge, die nicht mehr zu ändern sind

…

Suchen Sie für den Erntewagen einen schönen Platz in Ihrem Zuhause, denn er bleibt bei Ihnen. Den Müllwagen schicken Sie kurzerhand zur Müllsammelstelle.

Memory-Spiel mit eigenen Fotos
Fast alle kennen die spannende Suche nach den passenden Bildpaaren, wobei Konzentration und ein gutes Gedächtnis gefragt sind. Kinder gewinnen häufig gegen die Erwachsenen, weil sie viel schneller in der Wahrnehmung sind und nicht so lange überlegen.

Das Ziel: Wer am Schluss die meisten Kartenpaare besitzt, ist Gewinner dieser Spielrunde.

Nochmals die Regeln zur Erinnerung: Alle Karten werden mit der Bildseite nach unten auf den Tisch gelegt und gut durchgemischt. Entweder bleiben die Karten danach so zufällig liegen oder sie werden in Reihen zu einem Quadrat oder Rechteck geordnet. Nur übereinander dürfen die Karten nicht liegen.

Es darf die/der Jüngste, die/der Älteste, das Geburtstagskind ... beginnen. Weiter geht es im Uhrzeigersinn.

Wer an der Reihe ist, darf nacheinander immer zwei Karten aufdecken. Sind es zwei gleiche Bilder, darf sich der Spieler diese beiden Karten nehmen und nochmals zwei Karten aufdecken.

Das geht so lange, bis sie/er zwei verschiedene, nicht zueinanderpassende Karten aufdeckt. Diese beiden Karten werden wieder umgedreht und der nächste Spieler ist an der Reihe.

Damit sich alle Spielteilnehmer die Bilder und die Lage der Karten gut merken können, müssen sie immer für kurze Zeit aufgedeckt liegen bleiben und dann natürlich an der gleichen Stelle wieder umgedreht werden.

Wenn das letzte Bilderpaar aufgedeckt ist, gilt das Spiel als beendet. Wer die meisten Kartenpaare aufzuweisen hat, darf sich als Sieger feiern lassen.

Sie können sich selbst Ihr eigenes Memory aus Erinnerungsbildern herstellen. Dazu eignen sich alte Fotos genauso wie die Aufnahmen von Ferienaufenthalten und Urlauben. Wichtig ist, dass immer zwei Fotos zusammenpassen, die das gleiche Motiv aufweisen, wenn auch aus verschiedenen Blickwinkeln. Für Familienfeiern eignen sich besonders jene Fotos aus der Vergangenheit, auf denen Angehörige abgebildet sind. Mit Freunden spielt es sich gut, wenn Sie eine Auswahl von schönen Urlaubsbildern haben. Wer für seine Kinder oder Enkel ein Memory selbst herstellen möchte, der wählt am besten Aufnahmen von identitätsstiftenden Erinnerungen wie früheres Spielzeug oder Orte, an denen sie sich wohlgefühlt haben.

Die Memory-Karten sollten alle gleich hoch und breit sein. Das Durchschnittsmaß liegt bei sechs mal sechs Zentimetern; es ist jede beliebige Größe möglich. Sie sollten mindestens 24 Bildkarten (12 Paare) herstellen. Je mehr, umso lustiger und spannender gestaltet sich das Spiel.

Wie werden die Karten hergestellt?

Im Internet gibt es viele Vorlagen und Ideen zur einfachen Gestaltung von Foto-Memos.

Man kann sich aber auch die Mühe machen und alles selbst mit der Hand anfertigen. Der erste Schritt umfasst eine Vorauswahl der Bilder und die Suche nach zwei zusammengehörenden Motiven. Das ist eine schöne und sehr individuelle Erinnerungsarbeit; es kann sein, dass man bei dem einen oder anderen Bild längere Zeit verweilt, weil es besonders intensive Erinnerungsspuren auslöst.

Die alten Fotos oder Originalbilder, sofern sie nicht digital gespeichert sind, sollten auf keinen Fall zerschnitten werden. Hier lohnt sich der Weg in einen Copyshop; dort werden Ihnen die Motive auf das gewünschte Format vergrößert oder verkleinert. Zudem besteht die Möglichkeit, ein stärkeres Papier für den Ausdruck zu wählen. Die Arbeit des Ausschneidens nimmt Ihnen niemand ab und dazu benötigen Sie eine besonders gute Schere. Viel Spaß!

Wandhalter für Ansichts- und Glückwunschkarten
Ein schönes wie funktionelles Ausstattungsstück für die Wohnung ist ein sogenannter Post- und Glückwunschkarten-Wandhalter, wie es ihn in Papierfachgeschäften gibt. Auch aus dem Internet oder dem Branchentelefonbuch lassen sich die Namen von Herstellern ermitteln. Die Wandhalter werden in allen möglichen Größen, Farben und Materialien angeboten. In der Diele oder im Arbeitszimmer, in der Küche oder auch auf dem »stillen Örtchen« können Sie auf einer solchen Wandtafel die Ansichtskarten der letzten Jahre, die Glückwunschkarten vom »runden Geburtstag«, Karten mit Lieblingssprüchen oder Lieblingsmotiven geordnet und ansprechend zur Schau stellen und sich immer wieder an bestimmte Ereignisse erinnern, indem Sie die eine oder andere Karte zur Hand nehmen und auch lesen. Ein sehr ansprechender Gegenstand, der auch die Aufmerksamkeit Ihrer Gäste auf sich zieht und zu Kommunikation anregt.

»Erinnerungsbrett« zum Selberbasteln
Besorgen Sie sich eine Pinnwand aus Kork und überziehen Sie diese mit einem bunten Stoff passend zum Ambiente. Umwickeln Sie die bezogene Pinnwand dann der Höhe und der Breite nach mit bunten Kordeln oder einer einfachen Paketschnur. Und schon können Sie an diesen Ihre Fotos, Ansichtskarten und Briefe, Einkaufslisten, Zeichnungen und andere Erinnerungsstücke

mit Wäscheklammern befestigen und müssen nichts mit Nadeln oder Nägeln durchstechen.

3. Erinnerungen und ihre große Heilkraft

Solange du nicht zu steigen aufhörst, hören die Stufen nicht auf, unter deinen steigenden Füßen wachsen sie aufwärts.

Franz Kafka

Erinnerungen können wie eine heilende Arznei angewandt werden und dadurch Wunder bewirken. Im Leben eines jeden Menschen gibt es immer wieder Wendepunkte, die zum Innehalten und Rückblick einladen, manchmal geradezu herausfordern. So kann der »runde Geburtstag« oder das Erreichen einer gefühlten Lebensmitte ein Anlass sein, sich mit Blick auf die Vergangenheit Fragen zu stellen, welche die Gegenwart und Zukunft beeinflussen. Diese Rückschau in die eigene Vergangenheit ist deshalb von großer Wichtigkeit, weil im Leben eines jeden Menschen viele unnötige, belastende und auch beschwerende Ereignisse stattgefunden haben, die bis in die Gegenwart Spuren hinterlassen.
Bildlich gesehen trägt jede und jeder von uns einen Lebensrucksack, der mit den Jahren immer schwerer wird; manche Menschen hat er vielleicht sogar schon zum Straucheln oder zum

Stürzen gebracht. Eigentlich sollte man diesen Rucksack regelmäßig aufschnüren und die Dinge, die sich mit der Zeit belastend auf unser Dasein auswirken, symbolisch herausnehmen. Dazu gehört es auch, einen sehr kritischen Blick auf die erlittenen Verluste, bedauerten Geschehnisse und belastenden Momente zu werfen, diese loszulassen und zu verabschieden, um dann wieder mit leichtem Gepäck durchs Leben zu gehen. Stress, Krankheit, Schwierigkeiten am Arbeitsplatz, Sorgen in der Familie, Niederlagen und Schmerz füllen diesen Lebensrucksack ohnedies wieder sehr rasch auf und schleichen sich oft ohne großes Zutun im Lauf der Zeit hinein.

So schwer bepackt gehe ich durch mein Leben.
Folgende beschwerliche berufliche Dinge möchte ich auspacken:

Dieser Lasten aus meinem Privatleben möchte ich mich ebenfalls entledigen:

Mein Lebensrucksack, mit dem es sich leicht und locker wandern lässt.

Darin haben nur die wichtigsten Dinge meines Lebens Platz.
Ich packe hinein:

Eine weitere schöne Methode, sich seinem bisherigen Leben mit allen Höhen und Tiefen zu stellen, bietet das …

Maßband

Dazu eignet sich ein einfaches Maßband.

Frauen öffnen es bis zu 84, Männer bis 78 Zentimeter – das entspricht der aktuellen durchschnittlichen Lebenserwartung, die sich von Jahr zu Jahr erhöht. Je nachdem, wie alt jemand ist, wird diese Zahl mit einem roten Strich auf dem Maßband markiert. Der Rückzug in eine ruhige Ecke lohnt sich. Mit dem Blick auf die noch verbleibende Lebenszeit kann man sich folgende Fragen durch den Kopf gehen lassen:

Wie war mein bisheriges Leben?
Was habe ich gut gemacht?
Wer hat mich geliebt?

Wer hat mich verlassen?
Wie viele Verluste sind noch nicht aufgearbeitet?

Wo stehe ich heute?
Welche positiven Aspekte kann ich meinem gegenwärtigen Leben abgewinnen?
Wie sieht mein soziales Netz aus?
Bin ich mit meiner familiären Situation zufrieden?
Was möchte ich verändern?
Wie beurteile ich meinen derzeitigen Arbeitsplatz?
Was läuft gut?
Wo gibt es »Sand im Getriebe«?

Wie gestalte ich die mir verbleibende Lebenszeit?
Habe ich den Wunsch nach Veränderung?

Wenn ja, wie sollte diese aussehen?
Wenn ich noch einmal von vorne beginnen könnte, was würde ich alles anders machen?
Was wünsche ich mir für meinen Lebensabend?

Sie können in Gedanken diesen Fragen an Ihr Leben nachspüren, aber auch einen Brief an sich selbst schreiben, worin Sie jede Frage ausformulieren und konkret beantworten. Diesen Brief legen Sie gut ab – aber bitte nur so gut, dass Sie ihn nach einem halben Jahr oder Jahr auch wiederfinden.

Lesen Sie dann nach, was Sie damals geschrieben haben, und reflektieren Sie, ob sich etwas in Ihrem Leben verändert hat und wie sich die Dinge seither entwickelt haben.

Es ist nie zu spät für etwas Neues!
Nachstehende Beispiele von Frauen und Männern, die an einem bestimmten Punkt in ihrem Leben angekommen und dem starken Wunsch nach Veränderung und Neuorientierung gefolgt sind, zeigen auf, dass es noch nicht zu spät ist, durch »Schubumkehr« die Lebensrichtung zu ändern oder sich auf Unbekanntes und Neues einzulassen.

Magdalena und ihr Kinderwunsch

Der 30. Geburtstag wird zum Wendepunkt. Bis dahin glaubte Magdalena, glücklich zu sein. Sie war die Geliebte eines um zehn Jahre älteren verheirateten Mannes, genoss die angenehmen Seiten eines solchen Lebens und machte sich keine Gedanken über ihre Zukunft. Wenige Tage vor dem runden Geburtstag erfasste sie eine innere Unruhe. Beim Blick auf ihre Freundinnen, die alle kleine Kinder hatten und ständig über Babynahrung, Kleidung und sinnvolles Kinderspielzeug sprachen, überkam sie plötzlich nicht mehr jenes ablehnende Gefühl diesem »Kindergequassel« gegenüber, sondern eine bis dahin unbekannte Sehnsucht nach Liebe und Geborgenheit und auch nach Mutterglück. Sie geriet, ohne es zu wollen, in eine Art Torschlusspanik und wollte auf der Stelle ein Kind. Da dies in der Beziehung zu ihrem verheirateten Freund nicht möglich war, trennte sie sich von ihm. Es tat ihr gut, wieder abends alleine oder mit Freunden auszugehen, sich zu schminken und schön zu kleiden. Magdalena fand ihren Traummann und mit 34 Jahren wurde sie Mutter von Zwillingen. Das Paar ist mittlerweile seit zehn Jahren verheiratet.

Werner und die Band »Sweeties«

Schon seit vielen Jahren träumte Werner von einer eigenen Band, die jazzt und swingt. Als Schüler hatte er Schlagzeug gelernt und mit Klassenkameraden eine kleine Band gegründet, die sich

»Grasshoppers« (Heuschrecken) nannte. Nach der Schule war es damit vorbei, die jungen Männer studierten an verschiedenen Universitäten und sahen sich – wenn überhaupt – alle fünf Jahre beim Klassentreffen. Werner hat seinen Traum von der eigenen Band aber nie aufgegeben. In einer Phase der beruflichen Überbelastung, bei der er nahe am Burn-out war, erinnerte er sich wieder an diese Idee. Gemeinsam mit vier musikalischen Arbeitskollegen gründete er eine kleine, aber feine und sehr aktive Gruppe. Mit von der Partie sind auch sein 18 Jahre alter Sohn Gregor und dessen Freundin Jana, die eine wunderbare Stimme hat und später auf die Musikhochschule gehen wird.

Sybille wagt den beruflichen Neubeginn

20 Jahre lang ging sie Tag für Tag in die gleiche Firma und erledigte die gleiche Arbeit als Sekretärin und Buchhalterin in dem kleinen mittelständischen Unternehmen. Sybille empfand lange Zeit die Routine als angenehm und die monotone Wiederholung aller ihrer Arbeitsschritte als nicht störend; ganz im Gegenteil: Es gab ihr Sicherheit und sie musste sich an ihrem Arbeitsplatz nie verausgaben. Lob und Anerkennung wurden ihr allerdings auch schon lange nicht mehr zuteil. Mit 50 wollte sie die Langeweile ihres Berufsalltags durchbrechen und endlich etwas Neues wagen. Sie studierte aufmerksam die Stellenangebote und fand zehn Anzeigen, die ihren Vorstellungen entsprachen. Sie wagte die für sie sehr aufregenden Bewerbungsgespräche und konnte zu guter

Letzt unter drei Arbeitsplätzen auswählen. Weder in ihrer Familie noch im alten Unternehmen verstand man ihre Kündigung. Doch sie stellte sich der neuen Herausforderung und wählte einen Betrieb, der sogar mehr als 60 Kilometer von ihrem Lebensmittelpunkt entfernt lag und sie zur Pendlerin machte. Heute ist Sybille 60 und bereut diesen Schritt nicht!

»Einmal um die ganze Welt«

Herr Gustav war 66 Jahre alt, als er bei einer französischen Schiffsagentur anheuerte, um auf einem Hochseekatamaran an einer Weltumsegelung teilzunehmen. Schon als kleiner Junge hatte er davon geträumt, einmal um die ganze Welt zu reisen. Als er es sich finanziell leisten konnte, absolvierte er das Schifferpatent für Motor- und Segelboote und kaufte sich eine kleine Jacht, mit der er von Hamburg aus jeden Sommer in Richtung Süden schipperte. Irgendwann wurden ihm die Liegegebühren zu hoch und er verkaufte das Boot, auch, weil er beruflich derart eingespannt war und einfach keine Zeit dafür aufbringen konnte. Der Eintritt in den Ruhestand war für Herrn Gustav ein großer Schock. Sein Körper reagierte mit Krankheit und er konnte und wollte sich nicht damit abfinden, zum »alten Eisen« zu gehören. Als er zum alljährlichen Hamburger Hafengeburtstag im Mai an der Hafenmeile stand und sehnsüchtig das maritime Spektakel der Ein- und Auslaufparade prächtiger Schiffe verfolgte, kam ihm sein Kindheitstraum wieder in den Sinn. Im Dezember ging er in

Ibiza an Bord und er war bei Weitem nicht der älteste Teilnehmer dieser Weltumsegelung. Die letzten Jahre seines Lebens verbringt Herr Gustav damit, die schönen wie abenteuerlichen Erinnerungen an die Weltumsegelung zu ordnen und zu kultivieren.

Oma Hanna und der Fallschirmsprung

Die Geschichte von Oma Hanna und ihrem Tandem-Fallschirmsprung zum 70. erzählte mir ihre Enkelin Pia nicht ganz ohne Stolz. Nach dem Tod ihres Mannes, mit dem sie mehr als 40 Jahre verheiratet war, igelte sich Oma Hanna ein und zog sich vom gesellschaftlichen Leben genauso zurück wie von ihrer Familie. Zu ihrem bevorstehenden 70. Geburtstag wollten ihr die Töchter ein besonderes Geschenk machen und sie schickten die Enkelkinder zu Oma auf Besuch, damit diese herausfänden, was sich Oma wünschte. Pia und ihr Cousin Kai fanden schnell heraus, dass Großmutter einen geheimen, alten Herzenswunsch hegte: Einmal vom Himmel auf die Erde zu schweben. Oma Hanna erzählte ihnen, dass sie häufig Träume hätte, in denen sie die Welt und die Traumfiguren von oben sehe und sie selbst mit einem bunten Fallschirm federleicht über den Traumbildern dahinfliege. Trotz heftiger Diskussionen unter den Familienmitgliedern bekam sie den Tandem-Fallschirmsprung und Oma Hanna schwärmt noch heute von diesem eindrucksvollen Erlebnis.

Die alte Frau und die lebenslustigen Studenten

Frau T. war 82 Jahre alt und bewohnte eine 200 Quadratmeter große Wohnung im Altbau. Obwohl geistig noch rüstig, verursachte ihr das Treppensteigen bis in den zweiten Stock große Probleme, da die Beine nicht mehr so richtig funktionieren. Früher gab es einen kleinen Laden an der Ecke und ihr wurden die dort telefonisch bestellten Lebensmittel nach Hause gebracht, doch dieses Geschäft ist bereits seit vielen Monaten geschlossen. Frau T. konnte die riesengroße Wohnung nicht mehr alleine bewohnen und erinnerte sich wieder daran, wie beengt ihre Familie früher gewohnt hatte. Da gab es eine kleine Wohnküche, das Schlafzimmer, in dem auch sie und ihre drei Geschwister geschlafen hatten, und das Kabinett, in dem Onkel und Tante gelebt hatten. Sie bat den Enkelsohn ihrer Freundin, einen Text auf seinem Computer zu verfassen, ihn mehrfach auszudrucken und die Blätter im Bereich der Universität auszuhängen: »Wohnen für Hilfe. 82-jährige Frau vermietet drei Zimmer gegen geringes Entgelt an Studentinnen und Studenten. Im Gegenzug müssen ihr diese beim Einkaufen und bei einfachen Verrichtungen des Alltags behilflich sein.« Im Nu waren die Zimmer belegt und aus der zuvor verschlossenen und misstrauischen alten Frau T. wurde durch den Kontakt mit den jungen Menschen eine heitere und lebendige Person. Das Modell »Wohnen für Hilfe« funktionierte klaglos und für beide Seiten profitabel bis zum Tod der betagten Dame.

Lassen Sie sich von diesen Geschichten inspirieren und überlegen Sie, welcher Wunsch nach Veränderung oder Neuorientierung sich in Ihrem Innersten regt.

Was möchten Sie noch unbedingt erleben?

Welche geheimen Gedanken hegen Sie manchmal?

Wie würde sich Ihre Geschichte anhören?

Schreiben Sie diese in Stichworten oder in Sätzen ausformuliert in den Kasten:

Weiterleben durch die Kraft der Erinnerungen

Es geht nicht darum,
dem Leben mehr Tage zu geben,
sondern den Tagen mehr Leben.

Cicely Saunders

Wie sehr Erinnerungen eine Kraftquelle sein können, erfahren wir bei schwerer Krankheit oder bei der Erkrankung eines nahestehenden Menschen, bei Unfällen und unvorhersehbaren Schicksalsschlägen. Das gilt auch für alle existenziellen Lebenskrisen wie Trennung, Verlust des Arbeitsplatzes oder Tod eines geliebten Menschen. Rückblickend werden Lebenserfahrungen geordnet und ihnen eine Bedeutung zugeschrieben. Jene Strategien, die uns schon früher geholfen haben, schwierige Lebenssituationen zu bewältigen, können so aus der Vergangenheit in die Gegenwart geholt werden, um die neue Situation oder zukünftige Probleme besser zu lösen. Durch das Erinnern und die Wahrnehmung der individuellen Vergangenheit kann sich der Blick für eine lohnenswerte Zukunft öffnen – trotz Krankheit, Versehrtheit oder Veränderung der Lebenssituation. Diese Rückschau ermöglicht oft erst den Neubeginn, ohne den ein Überleben nicht gelingen kann.

Bei dieser sehr individuellen Form von »Biografie-Arbeit« haben alle Emotionen ihren Platz und manchmal auch ihre Bedeutung: Freude, Lachen, Fröhlichkeit ebenso wie Tränen, Traurigkeit, Wut oder Zorn. Das Leben in seiner Buntheit und Vielschichtigkeit, in seinem Geben und Nehmen, Abschiednehmen und Loslassen lässt sich sehr gut mit dem ausbalancierten Drahtseilakt eines Seiltänzers vergleichen. Um jedoch heil von einer Seite auf die andere zu gelangen, gilt es einige Regeln zu beachten und einen Fahrplan einzuhalten. In einem ersten Schritt geht es um eine Rückschau in die eigene Vergangenheit und um eine möglichst schonungslose und ehrliche Analyse, wie man bisher die Probleme gelöst hat.

Damit man sich im Dschungel der eigenen Vergangenheit nicht verliert oder in einer besonders starken Erinnerung gefangen bleibt, können Fragen, die wie Wegweiser fungieren, sehr hilfreich sein:

Wie habe ich damals dieses Problem/diese Situation genau gelöst?
(Die Lösung ist gelungen durch ....)
Was hat mir dabei geholfen?
Was war weniger hilfreich?
Wo liegen meine persönlichen Stärken?
Welche Eigenschaften schreibe ich mir selbst zu?

Was hat sich seither bei mir/bei anderen verändert?
Welche Veränderungen sind auf die »andere« Zeit oder die »neuen« Umstände zurückzuführen?
Kann ich die Geschichte von damals in die Jetztzeit übertragen?
Welche Prioritäten setze ich mir? 1…, 2…, 3., …
Wie lange nehme ich mir dafür Zeit?
Wen oder was benötige ich für die Umsetzung meiner Ziele?
Was ist heute überhaupt noch möglich?

In einem zweiten Schritt muss man sich darüber klar werden, welche Strategien maßgeblich zur Lösung beigetragen haben. Diese können in abgewandelter und aktualisierter Form auch für das neue Problem angewendet werden. Aber Vorsicht: Vermeiden, Ausweichen oder Unter-den-Teppich-Kehren sind keine guten Instrumente, da sie nur zu einer Verschleppung der Sache beitragen. Sich dem Wind, der einem ins Gesicht bläst, zu stellen, ist allemal besser, als sich sang- und klanglos aus dem Staub zu machen. Es kann gut sein, dass alle ungelösten und verdrängten Probleme irgendwann einmal bei uns »anklopfen«, um sich in Erinnerung zu rufen und auf Aufarbeitung oder Verabschiedung zu drängen.

Trauer ist eine Farbe unseres Lebens

Im Zuge der Erinnerungsarbeit spielt die Trauer mit ihren Reaktionsweisen eine große Rolle, denn sie ist die einzige Form, um einen Verlust oder Abschied seelisch zu verarbeiten. Trauer ist mehr als nur ein Gefühl, sie begleitet uns ein Leben lang und wird zur psychischen Notwendigkeit, nicht nur bei den großen Trauerereignissen wie dem Tod oder dem endgültigen Abschied eines geliebten Menschen. In jeder Minute und Stunde liegen Abschied und Neubeginn ganz nah beieinander; jeder Tag, egal, wie kurz oder lang wir ihn erlebt haben, ist am Abend unwiderruflich vorbei und alles, was wir erlebt, erlitten und überstanden haben, kann sich nicht mehr wiederholen. Deshalb sprechen Dichter davon, dass der Schlaf der »kleine Bruder des Todes« sei und jeder Abend einen Abschied (vom zu Ende gehenden Tag) und einen Anfang (wenn es Morgen wird und ein neuer Tag beginnt) in sich trägt.

Die Trauer ist kein statisches Erleben mit einem vorhersehbaren Ende. Es ist ein Prozess mit verschiedenen Phasen, die mehr oder weniger oft durchlaufen werden, ehe sich die Trauer auflöst und alle schmerzhaften Gefühle abklingen. Manche Trauerereignisse bleiben unvergessen und schmerzen auch heute noch. Wie lange jemand in einer dieser Phasen »stecken bleibt«, wie oft oder wie stark eine bestimmte Station im Trauerprozess erlebt und manchmal auch durchlitten werden muss, hängt von der Art des Verlustes und von der Person der/des Trauernden ab. Es gibt kein Patentrezept und auch kein Schema, das zur Anwendung gelangt. In einer bestimmten Gemütsverfassung oder nach einer Reihe von Schicksalsschlägen genügt ein kleiner Verlust wie das Verlieren des Wohnungsschlüssels oder das Verlegen der Geldbörse, und schon versinkt sie/er in einem Gefühlschaos sich widerstrebender Emotionen vom Nichtakzeptieren der Situation und der Ablehnung bis hin zu Tränen der Trauer und Gefühlen des Zorns und der Wut, aber auch von Einsamkeit und Verlassenheit.

Die Trauer kommt wie ein Erdbeben in Wellen und hat fünf starke Epizentren:

1. Das Nicht-wahrhaben-wollen
- Schock und Unglaube, Ablehnung und Betroffenheit.
- Der starke Wunsch, dass es sich um einen Irrtum handelt.
- Verleugnung und Verdrängung.

2. Aufbrechende Emotionen
- Die Gefühle vollführen einen Tanz auf dem Vulkan.
- Wut, Zorn, Hass, Beschuldigungen, Angst und Ärger.

3. Depression, tiefe Traurigkeit
- Hoffnungslosigkeit und Verzweiflung machen sich breit.
- Alles scheint so sinnlos und traurig.
- Tränen fließen in Strömen.

4. Suchen und sich trennen
- Wer etwas verloren hat, der sucht danach.
- Es kommt zur gedanklichen Auseinandersetzung mit dem Verlust, mit Ursachen und Auswirkungen.
- Ein erstes Akzeptieren und Annehmen wird spürbar.

5. Neuorientierung
- Langsam setzt sich die Erkenntnis durch, dass das Leben trotzdem weitergeht.
- Schritt für Schritt wird immer mehr losgelassen, indem die Erinnerungen hervorgekehrt werden.
- Statt Angst und Hilflosigkeit stehen Hoffnung, Zuversicht und Neubeginn auf dem persönlichen Blatt des Lebens.

Diese fünf Stationen werden jedoch nicht statisch durchlaufen oder können der Reihe nach »abgearbeitet« werden, sondern kommen und gehen und halten sich an kein fixes Schema und auch an keine Regeln. Der trauernde Mensch spürt die Gefühlsregungen und ist dem Prozess ausgeliefert, ohne selbst viel dazu beitragen zu können. »Ausgegrabene« Erinnerungen, die gut und tief versteckt in unserem Innersten schlummerten, lösen häufig auch alle Gefühle des Trauerprozesses aus. Manchmal fordern sie uns auch zu einer Auseinandersetzung heraus und wir müssen, ob wir wollen oder nicht, das Gefühlskarussell durchleben. Das ist notwendig, um die Vergangenheit als wichtige Ressource der Gegenwart zu erschließen und die Zukunft neu zu gestalten. Dabei lernen wir nicht nur aus unseren Fehlern, sondern verstehen letztlich mehr von unserem und über unser Leben. Erinnerungen können wie Leuchttürme auf stürmischer See sein: Ohne sie wären wir verloren, mit ihnen kann es uns gelingen, in einem ruhigen Hafen Schutz und Geborgenheit zu finden.

Der Trauerprozess ist wie ein Windrad, das sich vom Atem des Lebens angetrieben immer wieder in die eine oder andere Richtung dreht. © Doris Tropper: *Die Schätze des Lebens. Das Handbuch der bewussten Erinnerung*, mvg Verlag

Übung
Erinnern Sie sich an ein trauriges Ereignis aus der jüngsten Zeit, an eine Krise oder an einen sehr peinlichen Vorfall. Welche Reaktionsweisen und Gefühle sind dabei aufgetreten? Kreuzen Sie das entsprechende Wort an:

- [ ] Ablehnung
- [ ] Albträume
- [ ] Appetitlosigkeit
- [ ] Atemnot
- [ ] Bauchschmerzen
- [ ] Betriebsamkeit
- [ ] Depressionen
- [ ] Einsamkeit
- [ ] Empfindungslosigkeit
- [ ] Erleichterung
- [ ] Erlösung
- [ ] Erschöpfung
- [ ] Gefühllosigkeit
- [ ] Gleichgültigkeit
- [ ] Groll
- [ ] Heißhunger
- [ ] Herzklopfen
- [ ] Hilflosigkeit
- [ ] Hoffnungslosigkeit
- [ ] Kontrollverlust

- [ ] Konzentrationsschwäche
- [ ] Lähmung
- [ ] Lethargie
- [ ] Neubeginn
- [ ] Ohnmacht
- [ ] Ratlosigkeit
- [ ] Reife
- [ ] Reue
- [ ] Ruhelosigkeit
- [ ] Rührung
- [ ] Scham
- [ ] Schlaflosigkeit
- [ ] Schmerz
- [ ] Schock
- [ ] Schuldgefühle
- [ ] Schwäche
- [ ] Schwindel
- [ ] Sinnhaftigkeit
- [ ] Sinnlosigkeit
- [ ] Starre
- [ ] Suchen
- [ ] Tränen
- [ ] Trauer
- [ ] Unglaube
- [ ] Unruhe
- [ ] Verhandeln

- ☐ Verwirrtheit
- ☐ Verzweiflung
- ☐ Vorwürfe
- ☐ Wachstum
- ☐ Wut
- ☐ Zittern
- ☐ Zorn
- ☐ Zusammenbruch

Bei mir haben sich noch weitere Gefühle und Reaktionsweisen bemerkbar gemacht:

Zusammenfassung

- Eine schöne, positive Erinnerung kann als Befreiung erlebt werden und uns helfen, viele negative Bilder und Erfahrungen zu überlagern und aufzuhellen. Vielleicht gelingt es sogar, dass sie uns von schlimmen, dunklen Geschichten der Vergangenheit erlöst.

- Was Erinnerungen auf jeden Fall können: Sie trösten und versöhnen uns mit unserem bisherigen Leben.

- Wir können Erinnerungen und Erfahrungen aus der Vergangenheit wie ein Sprungbrett in die Zukunft nutzen und unser Leben anders, neu, schöner und bunter gestalten.

- Erinnerungen unterliegen einem Trauerprozess, der von jedem Erinnernden in unterschiedlicher Intensität und mit unterschiedlichen Gefühlen erlebt wird.

- Manchmal erinnert man sich an etwas, das einem selbst gutgetan oder gefallen hat und wiederholt es mit neuen Vorzeichen. Selbst Tote-Hosen-Sänger Campino kann sich dem nicht entziehen, wenn er in einem Interview mit der österreichischen Zeitung *Kurier* davon berichtet, wie sein Sohn auf demselben Hang das Skifahren erlernte, wie er selbst, als er in dessen Alter war.[2]

Wie überlebensnotwendig das Anknüpfen an die Quellen aus der Vergangenheit in Krisensituationen sein kann und welche wichtige Rolle dabei die Erinnerungen spielen, zeigen die Kurzgeschichten von sechs betroffenen Menschen.

---

2 *Zeitung Kurier*, Interview mit Campino: Ich will mich nicht verführen lassen, 11. August 2013, Kultur S. 29

Schritt für Schritt zurück ins Leben

Johannes M. erlitt kurz nach seinem 50. Geburtstag einen schweren Schlaganfall. Diese Erkrankung traf ihn völlig unerwartet und riss ihn für Monate aus seinem gewohnten beruflichen Alltag, sie katapultierte ihn in ein Leben, das plötzlich durch Abhängigkeit und das Annehmen-Müssen von Hilfe gekennzeichnet war. Seinen langen und mühsamen Weg zurück in ein glückliches, selbstbestimmtes Leben, das sich jedoch wesentlich von dem alten, erfolgreichen, arbeitsintensiven unterscheidet, erzählt er in einem Buch.[3] Für ihn war eine positive Einstellung zu den Dingen die wesentliche Triebfeder, um das Dasein so anzunehmen, wie es sich mit den vielen Einschränkungen nach dem Schlaganfall offenbarte. Dabei haben ihm der Glaube an Gott geholfen, aber auch die pragmatische Sichtweise, die in einer Zeit der langsamen Fortschritte und unzähligen Rückschläge geradezu zum Hoffnungsanker wurde: »Ich werde wieder selbstständig schlucken können und ich werde ganz sicher wieder meine Arme und Beine bewegen können!« Ihm wurde klar, dass er dieses Leben nicht als selbstverständlich ansehen durfte, sondern als zweite Chance, um mit Ausdauer, Anstrengung und eisernem Willen etwas daraus zu machen. Wer ihn heute im Kreis seiner Familie erlebt und ihn von seiner Vergangenheit erzählen hört, der ahnt, wie tief und unerschöpflich seine persönlichen Kraftquellen wa-

---

[3] Johannes Maierhofer: *Mit einem Schlag ist alles anders.* Druckhaus Stainz, 2013

ren, die ihm noch immer helfen, dieses neue, geschenkte und auch hart erkämpfte zweite Leben zu genießen. Was ihm nach wie vor wichtig erscheint: »Ich setze mir jeden Tag eine ›helle Brille‹ auf, die ein möglichst helles Bild produziert und die den Weg in die Zukunft freundlich und nicht dunkel und ausschließlich voller Probleme erscheinen lässt!«

Im Spiegel der gemeinsamen Lebensgeschichte

Das Ehepaar R. war 57 Jahre verheiratet, konnte auf eine kleine Schar von Kindern und Enkelkindern blicken, hatte genügend Geld gespart und erfüllte sich in den letzten Jahren viele Reiseträume. Herr R. erkrankte plötzlich, kam ins Krankenhaus und verstarb dort innerhalb weniger Tage. Die Diagnose erschütterte Frau R.: Gallenblasenkarzinom mit Metastasen an der Leber. Die Witwe fühlte sich entwurzelt, es war, als wäre ihr der halbe Körper weggerissen worden, und sie war auch ein Jahr nach dem Tod ihres geliebten Gatten noch sehr unglücklich, verbittert und trauernd. Über eine Nachbarin wurde sie auf die Trauergruppe ihrer Kirchengemeinde aufmerksam und schloss sich dieser an. Behutsam begleitet, konnte sie dort erstmals über die Höhen und Tiefen ihres Lebens mit ihrem Gatten erzählen, über schöne, aber auch weniger schöne Zeiten mit ihm. Diese Reise in die eigene Vergangenheit tat der Frau gut und sie wurde zunehmend lebendiger und zeigte wieder Freude am Leben. Auch ihre alte Reiselust wurde neu belebt: Gemeinsam mit zwei ebenfalls bereits betagten Damen aus der Trauergruppe unternahm sie zuerst nur Tagesausflüge und später auch Fahrten ans Meer.

»Mama, gibt es einen Hasenhimmel?«

Die Geschwister Susi (6) und Kevin (9) waren sehr traurig über den Tod ihres Zwerghasen. Gestern noch spielten sie mit Stuppsi und heute Morgen fanden sie ihn tot im Käfig. Kevin weigerte sich, in die Schule zu gehen, und Susi lief laut schreiend durch das Haus. Die Mutter nahm einen schönen Schuhkarton, breitete das verbliebene Heu darin aus und legte Stuppsi hinein. Aus dem Garten holte sie Hortensien und die leuchtend gelben Blüten des Gämswurz. Sie bedeckte den Körper des toten Tieres mit den Blumen. Obwohl es eigentlich nicht erlaubt ist, wurden Susi und Kevin beauftragt, einen schönen Platz im Garten für das Grab von Stuppsi auszusuchen. Voll Freude sprangen die Kinder durch den Garten und vergaßen für kurze Zeit ihre Trauer. Es dauerte eine Weile, bis der Streit um den besten Platz zwischen den Kindern beendet war und sie sich für ein Stück Erde unter dem Fliederstrauch entschieden hatten. Der Vater schaufelte ein Loch und sie legten Stuppsi liebevoll in das Grab. Susi warf ihre kleine, gelbe Badeente nach und Kevin hatte seinem Hasen einen Abschiedsbrief geschrieben, den er unter Tränen hineingleiten ließ. Der Vater tat vorsichtig die Erde auf das Grab und langsam verschwand der Hase unter Erdklumpen und Grasbüschel. Susi steckte ein Windrad auf den kleinen Erdhügel und Kevin bastelte ein Kreuz aus Zweigen. Die ersten zwei Wochen legten die Kinder immer wieder frische Blüten auf das Tiergrab. In dieser Zeit fragten sie die Mutter häufig, ob es einen »Tier- und Hasenhimmel« gebe und wo Stuppsi jetzt sei. Mit der Zeit vergaßen sie das geliebte Haustier. Die Rituale haben ihnen geholfen, den Verlust leichter zu bewältigen. erst ein Jahr später kommt ein neues Tier ins Haus: ein entzückendes, junges schwarzes Kätzchen.

Ein Sonnenschein in unserem Leben

Rita, die mittlerweile 18-jährige Tochter der Familie W., leidet an Trisomie 21 (in Österreich ist nach wie vor die Bezeichnung »Downsyndrom« üblich). Nach ihrer Geburt hatten die Eltern große Hürden zu überwinden: Vorurteile im Freundeskreis bis hin zu Schuldzuweisungen und Vorwürfen im Familienverband; die schwierigen Kindergartenjahre und die mühsame Suche nach einer geeigneten Schule. Heute arbeitet Rita in einer geschützten Werkstätte und sie ist der Sonnenschein im Leben der Familie. Zum Glück wird diese genetische Besonderheit mittlerweile nicht mehr als Krankheit oder schwere Behinderung angesehen und die Kinder und Jugendlichen werden ihren Fähigkeiten entsprechend gefördert. Ich besuche die Familie W. sehr gerne; Rita mag alles an mir und bewundert es immer: die Halskette, meine Handtasche, ja manchmal sogar die Schuhe. Sie kommt und geht in ihrem eigenen Rhythmus und jedes Mal, wenn sie kommt, dann küsst und herzt sie mich und legt liebevoll ihren Arm um meine Schultern. Dass Rita heute so gut ins Leben integriert ist, verdankt sie vor allem ihrer Großmutter, die sich nach der Geburt rührend um das Kind kümmerte und ihren Sohn und die Schwiegertochter in allen Belangen unterstützte. »Ich habe selbst einen schwerstbehinderten Bruder gehabt, der mit zwölf Jahren gestorben ist. Schon früh musste ich meiner Mutter beistehen und später ihn sogar alleine versorgen. Meine Mutter hat immer gesagt: ›Freuen wir uns über jede Stunde, die er noch bei uns ist. Vielleicht ist es eine Prüfung, die uns auferlegt ist. Wir werden es schaffen!‹ Ich bin so glücklich, wenn ich Rita sehe. Sie ist unser Sonnenschein. Es hat sich gelohnt, für sie zu kämpfen.«

Eine Silbermedaille im Rollstuhl erkämpft

Herr Fritz ist erst 32 Jahre alt, als er auf der Heimfahrt von seinem Arbeitsplatz einen schweren Autounfall erleidet. Ein entgegenkommender Kleintransporter schert plötzlich aus der Kolonne und kracht frontal in sein Auto. Die Folge: Querschnittslähmung und monatelanger Aufenthalt in einer Rehaklinik. Herr Fritz ist verzweifelt. Vor fünf Jahren hat er geheiratet; zu Hause warten seine Frau Sonja und die vierjährigen Zwillinge. Das eigene Haus ist noch nicht fertig gebaut und seinen Beruf als Baustellenleiter wird er nie mehr ausüben können. Bereits während seiner Rehabilitation wird er von den Therapeuten angehalten, sich wieder zu beschäftigen, um nicht in Grübeleien zu versinken. So beginnt er mit Planungsarbeiten für sein zukünftiges rollstuhlgerechtes Heim, wobei er an seine beruflichen Erfahrungen anknüpfen kann, und er nimmt auch an allen Freizeitbeschäftigungen teil. Er lernt, wie einfach sich ein Handbike vor seinen Rollstuhl spannen lässt und dass er trotz seines Handicaps auch Sportarten wie Boccia, Badminton oder Basketball ausüben kann. Schon in seiner Jugend war Herr Fritz sehr sportlich gewesen und hatte eine Medaille bei den Schülerleichtathletik-Meisterschaften errungen. Heute gehört er zum erfolgreichen Basketballteam des Rollstuhl-Sportverbandes, das bei den Paralympics bereits zweimal eine Silbermedaille erkämpft hat.

Gemeinsame Sorge für die Kinder trotz Trennung

Das Ehepaar Müller lebt in Scheidung. Die Risse in der Beziehung lassen sich nicht mehr kitten, die beiden haben sich auseinandergelebt, seit Herr Müller vor fünf Jahren von seiner Firma auf einen 300 Kilometer entfernten neuen Arbeitsplatz versetzt wurde. Er kam nur noch an den Wochenenden nach Hause; Frau Müller hingegen kümmerte sich unter der Woche um die kleinen Schulkinder und ging am Wochenende einer Teilzeitbeschäftigung nach. Beide Ehepartner hatten geradezu traumatische Erfahrungen in der Kindheit gemacht, als sich deren Eltern hatten scheiden lassen. Die Erinnerungen an Streit und Handgreiflichkeiten, Tränen und Verzweiflung waren noch immer lebendig, und so beschloss das Ehepaar Müller, den gemeinsamen Kindern zuliebe einen besseren Weg einzuschlagen. Sie nahmen Beratung und Mediation in Anspruch und wollten gemeinsam alle Entscheidungen treffen, die die Kinder anbelangten. Kein leichtes Unterfangen, denn Herr Müller lebte bereits kurz nach der Scheidung wieder mit einer Partnerin zusammen, während Frau Müller gekränkt und enttäuscht vier Jahre benötigte, um sich wieder auf eine Beziehung einlassen zu können. Der Kampf mit sich selbst und die Überwindung, sich mit dem Expartner auszusprechen, lohnte sich letztendlich und führte zu einem guten Verhältnis zwischen beiden Elternteilen und den Kindern.

Welche Gedanken gehen Ihnen nach dem Lesen dieser Lebensgeschichten durch den Sinn?

Kennen Sie Personen, die Ähnliches erlebt haben?

Was sind Ihre Ressourcen, die Sie aus Kindheit und Jugend mit in Ihren Lebensalltag bringen und auf die Sie in einer aktuellen Situation zurückgreifen könnten?

- Geduld und Ausdauer
- Sportliche Ambitionen
- Engagement für eine Sache
- Naturverbundenheit

- Können und Wissen
- Reisefreude
- Lust am Neuen
- Gelassenheit und Ruhe
- Das Wissen, dass es immer einen Weg gibt
- Hoffnung und Zuversicht
- Erfahrung mit Trauer und Abschied
- Kraft durch Stille und Meditation
- Geborgenheit
- Ehrgeiz
- Verspieltheit
- Kompetenz bei Problemlösungen
- Bewältigte Konflikte
- Bestandene Krisen
- Gesprächsbereitschaft
- Gut zuhören können
- Sensibilität und Gefühle
- Achtsamkeit
- Abgrenzung
- Blick für das Wesentliche
- Musikalität
- Phlegma
- Verantwortung und Gewissen
- Verständnis für Zusammenhänge

Über diese persönlichen Ressourcen verfüge ich ebenfalls:

_____

Wer sind Ihre Vorbilder?

Kommen sie aus dem Familienverband oder sind es Personen des öffentlichen Lebens?

Welche Eigenschaften bewundern Sie an diesen Menschen ganz besonders?

Zusammenfassung
- Jedes Leben ist kostbar und wertvoll. Es hängt vom Einzelnen ab, was er daraus macht und wie er in Krisen und bei Veränderungen damit umgeht. Was für alle Menschen Gültigkeit besitzt: Es kann nicht immer nur die Sonne scheinen, wir müssen uns manchmal auch durch Sturm, Regen, Nebel und Schnee kämpfen.

- Gelungene Lösungen von Problemen und in der Vergangenheit gemachte Erfahrungen können uns in schwierigen Situationen und an Wendepunkten im Leben helfen, die richtigen Entscheidungen zu treffen.

- Wenn plötzlich und unerwartet die bisher gelebten Möglichkeiten nicht mehr vorhanden sind und die gewohnten Handlungen nicht umgesetzt werden können, dann sollten wir auf Ressourcen aus unserer Vergangenheit zurückgreifen. Altbewährtes und Vertrautes gibt uns Halt und öffnet Türen für die Zukunft.

- Erinnerungen schützen uns davor, immer wieder die gleichen Fehler oder Fehlschritte zu machen. Sie regen zu Auseinandersetzung und Veränderung an. Sie werden zu liebevollen oder auch hartnäckigen Begleitern auf unseren Lebenswegen.

- Jene Rituale, die wir schon in der Kindheit kennengelernt haben, können uns helfen, krisenhafte Situationen zu bewältigen.

- In jeder/jedem von uns schlummern tausend Talente und ebenso viele Ressourcen, sie müssen nur geweckt und hervorgeholt werden!

- Erinnerungen können eine bittere Arznei sein, wenn sie uns bewusst machen, was alles einmal war und heute nicht mehr sein kann; sie können jedoch auch unser Leben versüßen, Freude und Dankbarkeit in den oft öden, langweiligen Lebensalltag zaubern.

4. Auf der Suche nach den eigenen Wurzeln

Der ich bin, grüßt traurig den, der ich sein könnte.

Friedrich Hebbel

Dieses Zitat stammt aus dem Gedicht »Dem Schmerz sein Recht«, in dem Friedrich Hebbel vor 170 Jahren und fast schon in der Mitte seines Lebens angekommen resignativ das ausspricht, was auch heute sehr viele Menschen denken und fühlen: Sie sind unzufrieden mit ihrem Leben, hadern unglücklich mit Gott und der Welt und betrauern all das, was nicht mehr möglich ist. Sie fühlen sich wie ein alter Brunnen, aus dem sich kein Wasser mehr herausholen lässt. Die Quellen sind längst versiegt, die positiven Erinnerungen ruhen eingeschlossen in der Tiefe des Brunnenschachtes und lassen sich nur schwer oder gar nicht mehr an die Oberfläche holen.

Deshalb ist es so wichtig, sich mitten im Leben seiner eigenen Vergangenheit und des gelebten Lebens zu erinnern, solange das Gedächtnis noch funktioniert. In Lebenskrisen, bei Krankheit, Trauer und Verlust, vor allem aber im Alter stellt sich sehr oft eine unerklärliche, nahezu unstillbare Sehnsucht nach Heimat, Geborgenheit und dem Gefühl von tiefer Verwurzelung ein. Das kann die Rückbesinnung auf jenen Ort sein, in den ein Mensch hineingeboren wurde, oder eine Landschaft, die ganz besonders prägend war. Heimat wird daher gern mit »frühem Glück« assoziiert, einem Gefühl von innerer Wärme und Geborgenheit. Heute ist der Begriff »Heimat« längst mehr als der Geburtsort oder das erste Zuhause voller Gerüche und Gefühle. Viele Menschen verbinden damit die unmittelbare und täglich erfahrbare subjektive Lebenswelt, die ihnen Vertrautheit, aber auch Sicherheit und emotionale Geborgenheit gibt. Dies geschieht durch geglückt gelebte Beziehungen, aber auch durch befriedigte und erfüllte Lebensbedingungen.

Heimat ist oftmals einfach jener Ort, an dem man sich wohlfühlt.

Wo fühlen Sie sich richtig wohl?

So wie der Rosenstrauch regelmäßig beschnitten und von Wassertrieben befreit werden muss, um besonders schön zu blühen und zu duften, brauchen auch wir Menschen hin und wieder eine »Wurzelpflege«. Dabei geht es nicht um das Schneiden von Haaren und Nägeln, sondern um die elementaren Fragen nach der eigenen Herkunft und Identität, nach unbewältigten und unverarbeiteten Ereignissen. Durch die Wahrnehmung der Vergangenheit lässt sich der Blick auf eine lohnenswerte Zukunft öffnen und die gegenwärtige Lebenssituation leichter verstehen und auch bewältigen. Selbst wenn der Blick nach vorne gerichtet ist, muss man sich oft am eigenen Unvermögen abarbeiten und mit den Gefühlen des individuellen Scheiterns auseinandersetzen, ebenso mit dem, was sozial, historisch oder gesellschaftlich nicht möglich war. Nur so kann man sein Leben abrunden und sich neuen Lebensaufgaben und Herausforderungen stellen. Manchmal geht es auch um die allerletzte Station in unserem Leben: sich auf das endgültige Loslassen und Sterben einzustellen.

Wer sein Leben als Gesamtes und in den Zusammenhängen begreifen möchte, kann sein persönliches Lebenspanorama in seiner Vielschichtigkeit und Farbenpracht, von sehr hellen bis zu ganz dunklen Momenten, vor sich ausbreiten. Dabei geht es um die zentralen Fragen jedes Daseins:

Wer bin ich?
Diese Frage nach der eigenen Identität begleitet uns ein Leben lang.

Wer war ich?
Wir möchten verstehen, wer wir sind, indem wir verstehen, wer wir waren und warum wir so geworden sind.

Wer werde ich sein?
Durch die Rückbesinnung auf das, was gestern und vorgestern war, gelingt es, ein tragfähiges Fundament für die eigene Zukunft zu entwickeln, egal, wie lange diese Zeitspanne noch sein wird.

Methode »Fragebogen«
Für die Fragen nach der eigenen Identität und den persönlichen Wurzeln benötigen Sie Zeit und Ruhe und vor allem ein Fotoalbum mit weißen Blättern oder einen unlinierten Block. Mein Tipp: Kaufen Sie sich dafür ein schönes, gebundenes Buch mit glatten, weißen Blättern, in das Sie Ihre Fotos und vielleicht auch gepresste Blumen und Blätter kleben und in dem genügend Platz ist für Ihre wertvollen Beschreibungen, Erklärungen, Gedanken und Geschichten.

Es gibt zwei Möglichkeiten: zum einen eine »Kurzvariante« mit nur wenigen Fragen oder einen ausführlichen Fragebogen mit vielen biografischen Angaben und Merkmalen. Sie können selbst entscheiden, was Sie gerne beantworten möchten und was nicht. Denken Sie auch an den Gefühlskreis (vgl. Kapitel 3) und beobachten Sie dabei, welche Gefühle sich bei der Erinnerung an die eine oder andere Lebensstation bemerkbar machen. Die Mühe lohnt sich auf jeden Fall, ein **persönliches Vermächtnis** anzulegen und jenen Menschen, die Ihnen im Leben nahestehen, Ihre Vergangenheit, das gelebte Leben mit all seinen Höhen und Tiefen, Begegnungen und Verlusten, nahezubringen. Es tut auch

Ihnen gut, sich wieder einmal an Erlebnisse und Ereignisse zu erinnern, die vielleicht schon sehr lange zurückliegen.

Die kurze Variante:

- Wer bin ich und woher komme ich?
- Wer oder was hat mich geprägt?
- Heimat: Welche Bedeutung hat dieses Wort für mich?
- Gibt es »heimatliche Bilder«, die ich tief in meinem Herzen trage?
- Wie haben meine Eltern und Großeltern gelebt?
- Welche Erfahrungen haben sie gemacht?
- Was haben sie mir an Einstellungen, inneren und/oder äußeren Werten mitgegeben?
- Welche Geschichten und Erlebnisse möchte ich erzählen?
- Welche Erinnerungsspuren werde ich einmal hinterlassen?
- Welches Vermächtnis möchte ich meiner Nachwelt vererben?
- Wem möchte ich bestimmte Gedanken oder Sätze widmen?

Der ausführliche Fragebogen:

Heimat – wo bist du? Fragen nach der Ursprungsfamilie

- Wo liegt der Geburtsort?
- Wer waren die Eltern? Welche Berufe hatten sie?
- Und die Großeltern?
- Gibt es noch alte Fotos von oder Erinnerungen an die Eltern und Großeltern?
- Gab es Geschwister?
- Wie wurde die Kindheit verbracht?
- Welche Kinderspiele wurden gespielt?
- Gab es Freundinnen und Freunde?
- Wo und wie wurde die Schulzeit erlebt?
- Gibt es Geschichten und Erzählungen, Streiche und Abenteuer aus der Jugend? Wenn ja, welche?
- Welche Gedichte, Lieder und Kinderreime wurden gesungen bzw. mussten auswendig gelernt werden?
- Wer waren die wichtigsten Bezugspersonen?
- Wie haben Sie damals gelebt?
- Gab es Umzüge oder blieb die Familie an einem einzigen Ort?
- Was ist die stärkste Wohnerinnerung aus der Kindheit und Jugend?

Lehr- und Wanderjahre:
Mühsal oder Selbstverwirklichung?

- Welcher Beruf wurde erlernt?
- Wo wurde eine Arbeit gefunden?
- Wie oft wurde der Arbeitsplatz gewechselt und welche Berufe wurden ausgeübt?
- Wurde »Schwarzarbeit«, das heißt nicht offizielle Arbeit, verrichtet?
- Gab es eine prägende Arbeitsbeziehung, ein wichtiges Arbeitsverhältnis?
- Welche idealisierten Berufswünsche sind versagt geblieben?
- Bei Frauen, die zu Hause blieben: Wurde das »Hausfrauendasein« als glücklich empfunden?
- Gab es »heimliche Berufswünsche« (zum Beispiel Friseurin, Schneiderin etc.)?
- Was wäre heute Ihr Traumberuf?

Sind sie zufrieden mit dem Erreichten?
Fragen nach der materiellen Sicherheit

- Wann wurde das erste eigene Geld verdient und was davon gekauft?
- Welcher Lebensstandard war möglich?
- Wurde früher sparsamer mit den Ressourcen umgegangen?
- Gab es in Ihrer Familie Hunger und Not?
- Welche Unterschiede zwischen früher und heute gibt es?
- Welche materiellen Werte wurden angeschafft?
- Was besitzen Sie heute alles?
- Was hätten Sie immer gerne gehabt bzw. gekauft?
- Wovon würden Sie sich auf keinen Fall trennen?

»Speis und Trank halten Leib und Seele zusammen« – Fragen nach Ess- und Trinkverhalten

- Wie wurde früher gekocht?
- Was waren die Lieblingsspeisen und Lieblingsgetränke?
- Was mochten Sie überhaupt nicht?
- Gab es spezielle Essgewohnheiten?
- Kochen Sie gerne?
- Gibt es Speisen, die Sie nach den alten Rezepten von Mutter und Großmutter zubereiten?
- Welche Mehlspeisen gab es früher?

- Lieben Sie süße Schleckereien?
- Gibt es Rezepte oder Anregungen, die Sie gerne weitergeben möchten?

Dem Leben einen Sinn geben

- Was wurde schon alles in diesem Leben erlebt?
- Gibt es Erinnerungen an die glücklichste Zeit im Leben?
- Welche Menschen haben Sie bedingungslos geliebt? (Namen aufzählen)
- Auf welches Werk/welche Tat Ihres Lebens sind Sie besonders stolz?
- Begleitet Sie ein Lebensmotto oder ein Lebenszitat?
- Sind Sie religiös? Waren es Ihre Vorfahren?
- Welche Bedeutung haben Gott, Himmel und Ewigkeit für Sie?
- Wie oft haben Sie Ihre Einstellung zu einer wichtigen Sache oder Person geändert?
- Haben Sie dadurch einen neuen Sinn im Leben erfahren?
- Welchen Hobbys gingen (gehen) Sie nach?
- Welche Aktivitäten wurden in der Familie gerne ausgeübt?
- Welche Musik hören Sie gerne?
- Welches Spiel oder welche Sportart finden Sie interessant?
- Welche Bedeutung haben Rituale für Ihr Leben?
- Wen oder was vermissen Sie?
- Welche Hoffnungen und Wünsche hegen Sie noch?

Glück in Begegnungen erfahren?
Fragen zur eigenen Familie

- Haben Sie Kinder?
- Wenn ja: Was lieben Sie besonders an ihnen? (Einzeln aufführen)
- Welche Charakterzüge oder Eigenschaften haben sie von Ihnen geerbt?
- Bei erwachsenen Kindern: Was ist aus ihnen geworden? Wo und wie leben sie heute?
- Was möchten Sie ihnen für ihr Leben mitgeben?
- Sie haben keine Kinder: Wünschen Sie sich welche?
- Welche Umstände haben dazu geführt, dass Sie keine Familie gegründet haben?
- Sind Sie heute darüber froh oder unglücklich?
- Wenn Sie alleine sind: Genießen Sie es oder wünschen Sie sich manchmal eine enge Beziehung?
- Sie leben in einer Beziehung: Wie würden Sie Ihre Lebenspartnerin/Ihren Lebenspartner beschreiben?
- Wie groß ist die Familie? (Ermitteln Sie die Anzahl aller noch lebenden Personen)
- Haben Sie Kontakt zu allen Familienmitgliedern?
- Mit wem möchten Sie unbedingt wieder einmal persönlich sprechen, ein Telefonat führen oder ihr/ihm einen Brief schreiben?

- Gibt es uneheliche Kinder oder Stiefgeschwister? Wenn ja, wo leben sie und besteht Kontakt zu ihnen?
- Wurde die Familie als Bereicherung oder Belastung erlebt?
- Wie sehen Sie Ihre Situation heute?

Eingebunden in ein soziales Netz

- Haben Sie gute Freunde und Bekannte? (Namen nennen)
- Auf wen können Sie sich im Notfall wirklich verlassen?
- Welche Rolle spielt Politik in Ihrem Leben?
- Hatten oder haben Sie eine ehrenamtliche Funktion in der Gemeinde oder Kirche inne?
- Sind Sie Mitglied in einem Verein?
- Wem oder was würden Sie gerne Zeit schenken?
- Wie wollen Sie Ihren Lebensabend verbringen? Zu Hause oder in einem Pflegeheim?
- Wer wird Sie dabei unterstützen?
- Wem vertrauen Sie bedingungslos?
- Wie stellen Sie sich Ihr Alter vor?
- Welche Rituale sind Ihnen wichtig? (Denken Sie an den heutigen Tag: Welche Regelmäßigkeiten und unverzichtbaren Dinge gibt es in Ihrem Tagesablauf? Welche kleinen persönlichen und wiederkehrenden Rituale können Sie entdecken?)

- Was mögen Sie überhaupt nicht?
- Haben Sie bereits Vorsorge getroffen?

Regelung der allerletzten Dinge im Leben

- Haben Sie schon einmal über den Tod nachgedacht?
- Wenn Sie sehr schwer oder unheilbar krank sind, was wünschen Sie sich für Ihr Sterben?
- Wer weiß darüber Bescheid?
- Gibt es eine Pflegevollmacht oder eine Patientenverfügung?
- Wenn ja, wo befinden sich diese Schriftstücke ebenso wie Ihre persönlichen Dokumente?
- Wie sollte Ihre Beerdigung aussehen?
- Denken Sie an Feuer- oder Erdbestattung oder an etwas ganz anderes?
- Wollen Sie eine Traueranzeige in der Zeitung?
- Wo wollen Sie begraben werden?
- Nach welchen Ritualen soll das Begräbnis ablaufen?
- Welche Wünsche haben Sie sonst noch und wer wird Sie ausführen?

Einen Platz der Geborgenheit finden – wo fand das Leben statt?

- Waren Sie in Ihrem Leben viel unterwegs?
- Wann und wo haben Sie besonders schöne Augenblicke erlebt?
- Haben Sie Erinnerungen an eindrucksvolle Ausflüge?
- Sind Sie gereist?
- Welche Bilder daran sind bis heute in Ihren Gedanken lebendig geblieben?
- Gab/gibt es einen Lieblingsplatz in Ihrem Leben?
- Wo war oder ist dieser und wie sah oder sieht er aus?
- Geborgenheit: Wofür steht dieses Wort?

Heimat, was ist das?

Heimat kann vieles sein und dabei eine ganze Palette an unterschiedlichen Gefühlen auslösen:
- Sehnsuchtsort der Kindheit
- Verlorenes Paradies nach Vertreibung oder Umsiedlung
- Ein Platz des Schreckens
- Ein Ort von Geborgenheit und Wärme

Für alte Menschen kann der Begriff »Heimat« eine große und wichtige Bedeutung haben: Sie sehnen sich zurück in ihre Kinderzeit und fantasieren sich durch Verwirrtheit und Demenz in eine besonders schöne, helle Welt voller Zärtlichkeit und Wärme, voller Freude und Glückseligkeit hinein. Sie hoffen, wieder diesen Zustand von Ahnungslosigkeit, Unschuld, Geborgenheit und Hoffnung zu erleben, um letztlich in ihm verweilen zu können. Dieser berechtigte Wunsch ist auf die fünf psychischen Grundbedürfnisse jedes Menschen zurückzuführen, die bei Krankheit und im Alter häufig nicht mehr erfüllt werden:

1. Bedürfnis nach Annahme (bedingungslose Liebe)

2. Bedürfnis nach Beachtung (Gespräch, Gemeinsamkeit)

3. Bedürfnis nach Umweltwahrnehmung (Lebensraum, Jahreszeit)

4. Bedürfnis nach Vorbildern (Orientierung)

5. Bedürfnis nach Zugehörigkeit zu einer Gemeinschaft, die zusammenhält (soziales und familiäres Netzwerk)

Es genügt bereits, wenn eines dieser elementaren menschlichen Bedürfnisse nicht erfüllt wird. Die Reaktionsweisen auf eine mangelhafte Befriedigung beinhalten die gesamte Palette psychosomatischer Beschwerden bis hin zu Verhaltensauffälligkeiten und Regression (Rückentwicklung), Resignation, Rückzug, Gehemmtheit oder aber auch Aggressionen und wildes Aufbegehren durch Mobilisierung der letzten noch vorhandenen Kräfte.

Leider hat der Begriff »Heimat« im Laufe der Zeit auch eine negative Dimension erfahren und zu einer gefährlichen Ausgrenzung von Menschen geführt, die sich – aus welchen Gründen auch immer – in einem bestimmten Kulturkreis nicht beheimatet fühlen. Jeder Krieg mit Flucht, Massenvertreibung und Völkermord, egal auf welchem Kontinent, bringt es mit sich, dass immer wieder Kinder ihrer eigenen Identität und Herkunft beraubt werden. Sie wachsen unter einem fremden Namen bei Pflegeeltern auf, leiden unter einem unerklärlichen Nicht-verankert-Sein im Leben und können nie in Erfahrung bringen, woher und von wem sie wirklich abstammen. Für den Hamburger Religionspädagogen Dr. Fulbert Steffensky ist Heimat immer eine Rückkehr zu den Toten, weil ihn seit geraumer Zeit sein erster Weg auf den Friedhof führt, wo er mittlerweile mehr Begrabene kennt als Lebende im Dorf.

Wenn wir davon ausgehen, dass Heimat für fast alle von uns etwas sehr Individuelles ist und für jeden ganz unterschiedliche Bilder, Gefühle und Erinnerungsspuren beinhaltet, die sich weder vergleichen noch vereinheitlichen lassen, dann stellen sich die folgenden Fragen:

Was bedeutet Heimat für Sie?

Wo fühlen Sie sich wirklich zu Hause?

Worin liegt für Sie der Unterschied zwischen Heimat und Zuhause?

Welche Gefühle verbinden Sie mit dem Wort »Heimat«?

Heimat, das kann sein:

H – AFEN der Geborgenheit

E – NGE und Tiefe

I – NSEL in der stürmischen Brandung

M – ACHT und Ohnmacht

A – NGST und Schmerz

T – RENNUNG und Abschied

Wie würden Sie diese »Heimatleiste« ausformulieren:

H –
E –
I –
M –
A –
T –

Dichter haben sich durch die Jahrhunderte mit dem Begriff »Heimat« beschäftigt und ihre Empfindungen zu Papier gebracht. Es gibt schwärmerische Verse voller Sehnsucht, aber auch kritische Aussagen, die im Spiegel der Zeitgeschichte gesehen werden müssen. Hier eine kleine Auswahl:

Ohne Heimat sein heißt leiden.
F. M. Dostojewski (1821–1881)

In der Fremde erfährt man, was die Heimat wert ist,
und liebt sie dann umso mehr.
Ernst Wichert (1831–1902)

Nicht wo du die Bäume kennst, sondern wo die Bäume dich kennen,
ist deine Heimat.
(Sibirisches Sprichwort)

Ich drücke mein Gesicht an seine dunkle, warme Rinde und spüre Heimat – und bin so unsäglich dankbar in diesem Augenblick.

Sophie Scholl (1921–1943)

Auf diesen Hügeln überseh' ich meine Welt! Erstieg ich auch der Länder steilste Höhen, nichts ist's, was mir den Blick gefesselt hält.

Bettina von Arnim (1785–1859)

Eine Handvoll Heimaterde ist mehr wert als 10 000 Pfund fremden Geldes.

Wu Cheng-En (1506–1582)

Heimat ist, wo wir unseren Lebensfaden festgemacht haben.

(Unbekannte Quelle)

Amen, das sage ich euch: Kein Prophet wird in seiner Heimat anerkannt.

(Lukas 4, 24)

Aufzuwachen und ein Haus zu haben – Du erreichst es nie!

Thomas Bernhard (1931–1989)

Mit welchem Zitat stimmen Sie überein?

Heimat ist für mich wie ...

Wenn die Vergangenheit bei uns anklopft

Die Gegenwart hält uns in Fesseln. Die Zukunft ist ein Gemächt unserer Einbildungskraft. Die Vergangenheit allein, wenn wir sie nicht fälschen und umerfinden, ist reine Wirklichkeit.

Simone Weil

Manchmal kehren vergessene Erinnerungen im Traum zurück. Sie können sich sanft und kuschelig wie Teddybären zurückmelden oder aber auch wie Alarmglocken schrillen, wenn sie aufwecken wollen, indem sie verbliebene Fesseln aus unglücklichen Kindertagen ins Bewusstsein rufen. Viel öfter dienen die geträumten Erinnerungen dazu, etwas aufzuarbeiten und abzuschließen. Das Unterbewusstsein hilft uns bei diesem Prozess. Ein Schutzmechanismus bewahrt uns davor, dass wir nach dem Aufwachen nicht ständig mit Erinnerungsspuren zu kämpfen haben, die wie Reste in einem schmutzigen Trinkglas zurückgeblieben sind. Lösen sich diese jedoch einmal nicht auf und kommen sie immer wieder zurück, dann handelt es sich häufig um Bilder oder Ereignisse, die ein Überdenken oder eine Rückbesinnung auf das ursprüngliche Geschehen notwendig machen.

Wie kommt es, dass sich unliebsame Ereignisse scheinbar ohne Grund plötzlich aus dem Innersten an die Oberfläche und in unser Leben drängen? Erinnern und Vergessen liegen ganz nahe beieinander. Vieles, was wir vergessen haben, ist nicht unwiederbringlich verloren, sondern kann nur in diesem Augenblick nicht abgerufen werden. Es liegt gut beschützt und bewacht im Archiv unseres Speichergedächtnisses und wartet darauf, von uns entschlüsselt zu werden, vorausgesetzt, dass wir den richtigen Schlüssel zu dieser imaginären Tür in unserem Kopf finden. Sigmund Freud war sich im Alter von 68 Jahren seiner Gedächtnisleistung nicht mehr ganz sicher und so entwickelte er einen »Erinnerungsapparat«. Er nahm einen »Wunderblock« der 1920er-Jahre zur Hand; eine solche Wachstafel bestand damals aus drei Schichten und war als beliebtes Spielzeug in vielen Kinderzimmern zu finden. Auch heute gibt es Zauberzeichentafeln und Tabletts, allerdings aus Kunststoff und mit Magneten. Die Methode jedoch ist die gleiche geblieben: Alle auf dem Wunderblock durch einen Stift erzeugten Spuren können ganz nach Belieben viele Male überschrieben, aber nie unwiderruflich gelöscht werden.

Der Psychoanalytiker verglich diese Erfahrung mit dem »seelischen Apparat« des Menschen und diagnostizierte, dass die Erinnerungen eines Lebens auf ähnliche Weise gespeichert würden. Demnach bleiben Spuren aller früheren Einschreibungen als unsichtbare Vertiefungen erhalten, und so bewahrt der »Wunderblock Gedächtnis« alles auf, was jemals in ihn eingeschrieben wurde. Zugleich sind seine Speichermodalitäten aber so beschaffen, dass nie ganz zweifelsfrei und endgültig bestimmbar ist, wann ihm welche Schriftschichten und Zeichen aufgeprägt worden sind.

Diese Methode des Überschreibens hat bereits eine lange Tradition. Im Mittelalter waren Schreibmaterialien wie Pergament und Papyrus kostbar und rar. Daher fanden beschriebene Manuskriptseiten mehrfach Verwendung, indem das zuvor Geschriebene entweder abgekratzt oder ausgewaschen wurde. Dabei blieben die ursprünglichen Spuren des Originaltextes erhalten. Ein solches kostbares Palimpsest stellt auch ein wiederentdecktes Buch von Archimedes dar. Einer Gruppe von Wissenschaftlern war es gelungen, den ursprünglichen Text durch Röntgenstrahlung sichtbar zu machen. Die Technik des Palimpsestierens wurde immer wieder auch als Metapher für geistige und kreative Prozesse verwendet, ebenso wie das Bild der Zwiebel. Beides weist sich überlagernde, undurchschaubare Schichten auf, deren exakte Geschichte niemals hundertprozentig rekonstruiert werden kann. Daher kann es – was Erinnerungen anbelangt – immer nur eine subjektive, persönlich entschlüsselte Wahrheit geben und niemals eine objektive mit allgemeinem Gültigkeitsanspruch. Gerade bei Autobiografien und Memoiren ist daher immer Vorsicht geboten, wenn es um den Wahrheitsgehalt des Erzählten geht. Manche Menschen schlüpfen sogar in eine andere Identität, indem sie ihre Lebensgeschichte umschreiben und dabei neu erfinden.

Auf unser Leben und unsere Erinnerungen bezogen bedeuten diese Erkenntnisse, dass es hilfreich sein kann, sich die »Brüche« in der eigenen Biografie kritisch vor Augen zu führen, um herauszufinden, was noch unbewältigt in längst vergessener, oftmals weit zurückliegender Zeit darauf wartet, ans Tageslicht geholt zu werden, um eine Aussöhnung zu erfahren oder einfach nur angesprochen und wieder losgelassen zu werden. Dies kann über eine Reihe von Fragen angeregt werden, wobei dem Leser überlassen wird, ob er sich selbst darauf eine Antwort geben möchte. Vielleicht ist heute noch nicht der richtige Zeitpunkt gekommen, um die verdrängten oder abgelegten Erinnerungen hervorzuholen. Manchmal ist es besser, wenn belastende Lebensereignisse noch verschlossen und fest verkorkt wie wertvoller Wein eine Weile aufbewahrt werden. Doch Vorsicht: Man kann auch den »rechten Moment« verpassen oder zu lange hinauszögern, und dann ist es zu spät!

Die Begegnung mit einer Figur aus der eigenen Vergangenheit, ein unerwartetes Ereignis, das sich so ähnlich »anfühlt« wie eine Geschichte von gestern oder ein Traum – das alles kann plötzlich eine Wirkung ähnlich wie ein Röntgenapparat haben und tief versteckte, noch so kleine Erinnerungsdetails unbarmherzig sichtbar machen. In jedem Leben gibt es Höhen und Tiefen, gute und schlechte Zeiten, freudige und traurige Erlebnisse. In jedem Lebensalter haben wir bestimmte Aufgaben zu erledigen und müssen uns immer wieder neuen Herausforderungen stellen. Das macht unser Leben so spannend und vielfältig, gleichzeitig aber auch so schwierig und herausfordernd. Nicht immer gelingt es, die uns zugedachte Aufgabe gut zu lösen. Durch widrige Bedingungen von außen (Familie, Schule, Arbeitsplatz) und auch durch innere Fehleinschätzungen und dem Unvermögen, die Situation richtig zu deuten und entsprechend positiv zu lösen, kommt es vor, dass wir über einzelne Stufen der Lebensleiter stolpern oder diese überspringen. Manchmal melden sich erst nach Jahren oder Jahrzehnten die überschriebenen und vergessenen Erinnerungsspuren wie Warnsignale zurück und fordern uns unsanft zur Auseinandersetzung auf. Schuldgefühle und Ängste sind solche markanten Gefühle, die sich belastend und hemmend auf die Lebensfreude und unser Dasein auswirken können und sogar eine Gefahr für Leib und Leben darstellen, wenn Depressionen in Ausweg- und Sinnlosigkeit führen.

In Anlehnung an das Modell des Lebenszyklus von Erik H. Erikson bietet der Blick zurück auf die eigenen Entwicklungsstufen und ihre Krisen, aber auch Chancen und Möglichkeiten, noch vorhandene zwiespältige Gefühle hervorzuholen, um sie endlich loszulassen und zu verabschieden. Dabei geht es in erster Linie um die Versöhnung mit sich selbst und das Akzeptieren, dass man damals so gehandelt hat, weil man es nicht besser wusste.

Lebensstufen vom **Geborenwerden** bis zum **Sterbenmüssen**

TOD
WEISHEIT
Erfüllung/Verzweiflung
Alter

FÜRSORGE
Partnerschaft, Familie / Stagnation
Spätes Erwachsenenalter

LIEBE
Intimität / Isolation
Frühes Erwachsenenalter

TREUE
Eigene Identität / Rollenkonfusion
Adoleszenz

KOMPETENZ
Fleiß / Minderwertigkeitskomplexe
Schulalter

ENTSCHLUSSKRAFT
Initiative / Schuldgefühle
Spielalter

WILLE
HOFFNUNG
Scham / Zweifel
Säugling / Kleinkind

GEBURT

Modell Lebensstufen © Doris Tropper: *Die Schätze des Lebens. Das Handbuch der bewussten Erinnerung*, mvg Verlag

Erklärung des Modells der Lebensstufen
Bei jedem Menschen findet parallel zur körperlichen immer auch eine psychosoziale Entwicklung statt. Von unserer Geburt bis zum Tod schreiten wir symbolisch über Lebensstufen, die unterschiedlich hoch sind, dabei bewältigen wir mehr oder weniger intensive Krisen in den Übergängen von einer Stufe zur nächsten, von einem Lebensalter zum anderen. Entsprechend entwickeln wir in unserer frühesten Kindheit Urvertrauen, lernen Regeln zu befolgen und üben uns in Selbstkontrolle und erster Autonomie. Wird diese Entwicklung positiv abgeschlossen, entfaltet der kleine Mensch (Selbst-)Vertrauen, Entschlusskraft, Wille und Stolz. Sind die Bedingungen jedoch nicht optimal, dann bleiben aus dieser frühen Lebensphase Scham, Zweifel, Zaudern und Schuldgefühle zurück, ebenso Ängstlichkeit und ein Mangel an Initiative.

Die Treppen vom Schulalter zur Adoleszenz bringen Freude an Eroberung und Wettbewerb mit sich, Eigeninitiative und erste Freiheiten, aber auch das Gefühl für ein richtiges Verhalten (Gewissen). In der Schule sollten die jungen Menschen entsprechend ihrer Fähigkeiten gefördert und rücksichtsvoll gefordert werden, um Selbstvertrauen und eine Portion Leistungsbewusstsein entwickeln zu können. Erlebt das Kind jedoch permanent Unterlegenheit und werden seine Anstrengungen als dumm hingestellt, können sich starke Minderwertigkeitskomplexe ausbilden, die zu Lebensbegleitern werden. Heftig geht es während der Zeit der

Pubertät zu, wenn Jugendliche verschiedene Rollen ausprobieren, um den eigenen Weg in das Erwachsenenalter zu finden. Reif zu werden, das eigene Ich mit all seinen kleinen und großen Schwachstellen zu akzeptieren und sich in seinem Körper wohlzufühlen, dabei auch noch die Orientierung nicht zu verlieren, das alles bedeutet für gewöhnlich immer eine große Krise. Gelingt dieser schwierige Schritt nicht, dann befindet sich dieser Mensch zeit seines Lebens in einer Identitätskrise und kämpft mit Einsamkeit und Ablehnung.

Erwachsen werden und die Lebensmitte erreichen, das erfordert die Fähigkeit, ernsthaft stabile Beziehungen und Kontakte zu anderen Menschen aufbauen und auch die daraus entstehenden Belastungen meistern zu können. Viele scheuen aufgrund ihrer Persönlichkeitsstruktur vor intimen und ernsten Bindungen zurück, was zu Isolation und Einsamkeit führen kann. Zum Erwachsenenalter gehören immer auch die starken Gefühle des Gebraucht- und Akzeptiertwerdens durch die Gesellschaft. Wem dieses Erleben fremd bleibt, der lebt ständig in dem Gefühl, nicht gebraucht zu werden, und seine zwischenmenschlichen Beziehungen verarmen. Stagnation und Stillstand in der Entwicklung stehen dann am Ende dieses Prozesses.

Im Alter sollten wir alle weise sein und in Würde und Gelassenheit auf die gelebten Jahre und die Lebensstufen zurückblicken können. Dabei sollten wir uns selbst, die uns Nahestehenden und andere Menschen in Liebe annehmen können, auch wenn uns das nicht immer leichtfällt. Menschen, die nicht in eine solche Haltung hineingewachsen sind, werden im Alter verbittert, einsam und verzweifelt sein; alles und jeden kritisieren und abwertend betrachten, weil sie sich an nichts mehr erfreuen können.

Werfen Sie einen Blick auf das Modell der Lebensstufen:

Auf welcher Stufe sind Sie bereits angekommen?
Wie viele liegen noch vor Ihnen?

Gehen Sie für einen Moment zurück in die eigene Vergangenheit:

Konnten Sie als kleines Kind Vertrauen entwickeln?
Haben Sie Fürsorge erlebt?
Kannten Sie schon in Ihrer Kindheit Ängstlichkeit und Schuldgefühle?
Durften Sie spielen oder mussten Sie schon früh arbeiten und »erwachsen werden«?
Welche schönen Erinnerungen haben Sie an Ihre Kindheit?
Was hat Sie verletzt und gekränkt?

Fühlten Sie sich anderen gegenüber unterlegen und minderwertig?
Wie gingen Sie in der Schule mit dem Leistungsdruck um?
Wie heftig ist die Zeit der Pubertät ausgefallen?
Gab es viele Konflikte und Krisen mit den Erwachsenen?
Konnten Sie in dieser Zeit verschiedene Rollen ausprobieren?
Fühlten Sie sich manchmal einsam und unverstanden?
Wer waren Ihre Idole und Vorbilder?

An welche Beziehungen oder tiefen Kontakte erinnern Sie sich noch?
Hatten Sie je das Gefühl, in einer Situation wirklich gebraucht zu werden?
Konnten Sie Ihre handwerklichen und/oder kreativen Fertigkeiten einbringen?
Sind Sie in Ihrem Beruf glücklich (geworden)?
Was gefällt Ihnen daran und was nicht?
Haben Sie häufig den Arbeitsplatz gewechselt?
Spüren Sie manchmal noch Groll, Zorn, Wut oder Trauer, wenn Sie an ein bestimmtes Ereignis erinnert werden?
Können Sie für sich eine Sache gut abschließen?
Gibt (gab) es hilfreiche Abschiedsrituale?

Hilfreiche Abschiedsrituale, die ein Loslassen möglich machen
Spüren Sie den negativen, belastenden Gefühlen nach, die Sie vielleicht schon ein Leben lang begleiten, und beantworten Sie sich selbst diese Fragen:

Was macht mir Angst?
Wo haben diese Angstgefühle ihre Wurzeln?
Was machen die Schuldgefühle mit mir?
Bin ich selbst schuldig geworden oder sind es andere mir gegenüber?
Kann ich jemals vergeben?
Ist eine Versöhnung oder Wiedergutmachung noch möglich?

- Beantworten Sie diese Fragen schriftlich in Form eines Briefes an sich selbst. Wer dazu keine Lust hat, kann auch auf einem Block stichwortartig die Antworten notieren. Gehen Sie ins Freie und verbrennen Sie Brief oder Zettel. Beobachten Sie, wie der Wind die Asche verstreut. Das Feuer hat eine reinigende Kraft und vielleicht spüren Sie danach Erleichterung. Wenn Sie in der Nähe eines Flusses leben, können Sie aus den von Ihnen beschriebenen Blättern auch ein oder mehrere Papierschiffchen falten und diese mit dem Wasser davonziehen lassen.

- Manchmal tut es gut, an jenen Ort zurückzukehren, der die Ursache für bestimmte Erinnerungen darstellt. Mit den Augen von heute die Welt von damals und die Ereignisse aus der Vergangenheit zu betrachten und sich allen Gefühlen zu stellen, die diese Begegnung mit sich bringt, das kann heilsam sein. Die Konfrontation mit dem Gestern ist oft schmerzhaft und im ersten Moment kaum zu ertragen. Hat man es jedoch überstanden, darf man sich selbst auf die Schulter klopfen und sich zum Mut, zur Überwindung und oftmals auch zur Aufbringung all seiner Kräfte gratulieren. Vielleicht ist danach manches leichter und offenbart sich im Spiegel der Vergangenheit nicht mehr als so belastend und einschneidend.

- Es kann genügen, eine Kerze anzuzünden und in einer stillen Ecke sich bewusst einer Person aus der eigenen Vergangenheit zu erinnern, die bis heute in unser Leben hineinwirkt. Dabei ziehen gute wie schlechte Erinnerungsspuren ähnlich wie Nebelschleier vor unserem inneren Auge auf. Mit dem bewussten Ausblasen der Kerze und dem Erlöschen des Lichts verlieren diese Schemen ihre Stärke und lösen sich wie die Flamme in dünne Rauchfahnen auf.

- Der Besuch des Grabes eines verstorbenen Menschen, um dort laut oder still Zwiesprache zu halten, das zu sagen, was man schon längst loswerden wollte, vielleicht aber auch Dankbarkeit für die gelebte Zeit zu äußern, kann befreiend wirken und helfen, die dunklen Schatten der Vergangenheit abzuschütteln.

- Ein Zeichen der Versöhnung setzen, indem ich es einem Menschen direkt sage oder einfach nur in Gedanken:

»Ich verzeihe dir!« Wenn man bei sich selbst etwas wiedergutmachen möchte, dann sagen Sie zu sich selbst: »Ich verzeihe mir!«

Leider geht das nicht immer so einfach. Manchmal muss man sich seinen Ängsten und Schuldgefühlen ganz bewusst stellen und ein Gespräch suchen und wagen. Es schmerzt, die »alten Geschichten« wieder hervorzuholen, auch um sie in einem neuen Licht zu betrachten. Am meisten hat man dabei sich selbst zu vergeben, und man muss es hinnehmen, dass sich das Rad der Zeit niemals zurückdrehen lässt. Mit dem Wissen und der Erfahrung von heute ließen sich viele Fehler und Verfehlungen der Vergangenheit vermeiden, aber es gibt keine zweite Chance zu Wiederholung und Neubeginn.

Das Resümee
Versöhne dich mit dir selbst!
Sei nicht nur anderen, sondern auch dir gegenüber tolerant!
Bedenke: Jeder Mensch macht Fehler!

Zu jeder modernen Berufsbiografie gehören heute häufiger Wechsel von Arbeitsplatz und Wohnort. Nicht immer gelingt es, das Alte und Vertraute gut loszulassen, bevor man auf das Neue und Unbekannte zugeht. Bewusstes Abschiednehmen kann hilfreich sein und ist auch nachträglich noch möglich. Dabei begibt man sich an jenen Arbeitsplatz oder Wohnort, wo spürbar noch etwas »offen« geblieben ist. Dies geschieht, indem man tatsächlich dorthin geht oder aber in Gedanken sich dort niederlässt und kritisch die Situation betrachtet:

Wie bin ich von dort weggegangen?
Von wem oder was habe ich mich nicht verabschiedet?
Was belastet mich noch?
Was bereue ich?
Welche schönen Erinnerungen begleiten mich?
Was habe ich daraus gelernt?
Diese positiven Erfahrungen habe ich dort gemacht:

Integrieren Sie alle guten Erfahrungen und positiven Erlebnisse in ihr jetziges Leben und sagen Sie sich, dass es gut und richtig war, dort gearbeitet oder gelebt zu haben. Betrachten Sie diese Zeit lediglich als einen Mosaikstein, der zu einem großen, ganzen Bild gehört, aber eben auch nur ein Teilchen davon darstellt. Schauen Sie wieder nach vorne in die Zukunft und verleihen Sie auch diesem früheren Lebensabschnitt eine gewisse Sinnhaftigkeit. Im Nachhinein betrachtet lässt er sich ohnedies nicht mehr aus Ihrem Dasein herauslösen und bleibt für immer ein Teil Ihres Lebens.

Wenn die Ängste und Schuldgefühle unerträglich werden und keine Aussicht auf Erleichterung oder Erlösung besteht, dann ist es ratsam, sich in medizinische, psychologische oder therapeutische Begleitung zu begeben.

Jede Jahreszeit hat einen Anfang und ein Ende

Wir alle sind eingebunden in den Jahreskreislauf der Natur. Wie ein roter Faden ziehen sich Betrachtungen und Übungen dazu durch dieses Buch.

Abschließend eine entspannende »Baummeditation« als Belohnung für alle Leserinnen und Leser, ganz besonders jedoch für jene, die sich mit den Stufen ihres Lebens, mit dem Stolpern auf einzelnen Treppenabsätzen und mit allerlei anderen Hindernissen auseinandergesetzt haben.

Idealerweise sollte Ihnen jemand sehr langsam und mit Pausen dazwischen den Text vorlesen. Sie sitzen auf einem Sessel und haben guten Kontakt mit Ihren Füßen zum Boden oder Sie liegen ausgestreckt auf einem Sofa. Die Augen sind dabei geschlossen und die Atmung ruhig. Wenn Sie alleine sind, dann lesen Sie immer von Absatz zu Absatz und schließen danach für einige Minuten die Augen, um ein Bild in Ihrem Inneren aufsteigen zu lassen.

Baummeditation
Stellen Sie sich vor, Sie seien ein großer, stattlicher Baum.

Tief ragen Ihre Wurzeln in den Boden.
Von dort holen Sie sich Wasser und Nahrung.
So wird der ganze Baum bis in die Krone und bis zum kleinsten Ast mit allem versorgt, was er zum Leben benötigt.

Die Rinde des Baumes weist viele Einkerbungen und Narben auf.
Sie ist rau und an manchen Stellen auch ausgebrochen.
Ein Liebespaar hat vor langer Zeit ein Herz in die Rinde mit zwei Buchstaben geschnitzt.
Am Stamm geht auch eine Ameisenstraße in Richtung Baumkrone.
So kommt es, dass es manchmal kribbelt und krabbelt.
Es ist ein dicker Stamm, den man mit beiden Armen kaum umfassen kann.
Die Äste sind weitverzweigt.
Neben jungen, frischen Trieben ragen auch schon alte, fast morsche Äste zum Himmel.
Die Stürme der letzten Jahre haben ihre Spuren hinterlassen.
Einige Zweige sind dürr geworden, ein größerer Ast wird bald abbrechen.
Es ist ein schöner, mächtiger Baum auf einem ganz besonderen Platz mit kräftigen Wurzeln.

Jetzt ist es Frühling geworden.
Langsam erwärmen die Sonnenstrahlen den Boden.
Am Bach beginnt das Eis zu schmelzen.
Zaghaft zeigen sich erste grüne Blättchen am Baum.
Fröhlich flattern junge Vögel im Geäst umher.
Der Waldrand ist übersät mit Schneeglöckchen und Frühlingsknotenblumen.
Gelbe, weiße und violette Krokusse blühen in den Vorgärten.
Es wird wärmer und wärmer.
Schon blühen die ersten Kirschbäume am Wiesenrand.
Die Bienen summen von Blüte zu Blüte.
Es geht ein wunderbarer Duft von diesen Bäumen aus.
Später im Mai werden die Fliederbäume weiß oder lila blühen.
Und die Wiesen sind saftig grün und voller Blumen.

Über Nacht, Sie haben es gar nicht bemerkt, ist der Sommer ins Land gezogen.
Die Obstbäume tragen nun schon Früchte.
Als Erstes können Kirschen und Aprikosen geerntet werden.
Ein Buntspecht klopft vergeblich am Stamm des Baumes.
Der Sommer brütet mit dumpfer Hitze über dem Land.
Dann ziehen an manchen Tagen schwere Gewitter auf.
Sie bringen Hagel, Sturm und Regen.
Kleine Bäumchen werden entwurzelt, große verlieren durch den Sturm Blätter und Äste.
Bald schon trägt der Apfelbaum rote Früchte.

Kinder kommen und klettern auf die unteren Äste.
Sie holen sich besonders schöne Äpfel, die unter den grünen Blättern versteckt sind.
Herrliche Erdbeeren, Himbeeren und Heidelbeeren warten darauf, gepflückt zu werden.

Am Abend und am Morgen ist es bereits wieder etwas kühler geworden.
Es ist Herbstzeit.
Nebelfelder ziehen auf und das Licht der Sonne wird schwerer.
Die Laubbäume zeigen sich von ihrer farbenprächtigsten Seite.
Sie leuchten in Gelb, Orange und Rot um die Wette.
Der Wind spielt mit ihren Zweigen und Blättern.
Am Himmel tanzen viele Wolken.
Die Kinder lassen bunte Drachen steigen.
Ein großer Schwarm schwarzer Krähen fliegt kreischend Richtung Süden.
Die Pilze schießen aus dem feuchten Waldboden.
Die ersten Herbstzeitlosen auf den Wiesen lassen erahnen, dass sich die Natur wieder zu einem Wechsel bereit macht.
Nüsse und Kastanien wollen gesammelt werden.
Die Weintrauben müssen vor dem ersten Frost geerntet sein.
Die Luft ist frisch und dünn.
Es riecht nach Abschied, als würde die Wehmut einer ganzen Jahreszeit über dem Land liegen.
Die Berge sind blau und sehr nah.

Es ist schnell gegangen.
Über Nacht ist aus dem Regen Eis geworden.
Bald schon bedeckt weißer, glitzernder Schnee das ganze Land.
Ein verschrecktes Eichhörnchen verschwindet wieder in seiner warmen Baumhöhle.
Die gesammelten Nüsse sind gut vergraben irgendwo versteckt.
Es liegt eine feierliche Stimmung über dem Land.
Die Weihnachtszeit ist da.
Dann wird mit einem lauten, bunten Feuerwerk das neue Jahr begrüßt.
Schwerer, nasser Schnee liegt auf den Ästen.
Manchmal wird es auch am Tag nicht richtig hell.
Nebel und Schneegestöber begleiten uns.
Das Tageslicht verschwindet früh am Abend.
Die Nächte sind lang und kalt.
Kerzen werden angezündet und geben einen hellen Schein.
In Öfen und Kaminen tanzen die Feuerfunken und glühen die Holzscheite.
Es duftet nach Maronen und Vanillekipferl.
Langsam, aber von Tag zu Tag etwas mehr, setzt sich die Wärme durch.
Der Schnee taut, das Eis verschwindet.
Der heftige Wind lässt den kommenden Frühling schon erahnen.
So ist wieder ein Jahr mit seinen Jahreszeiten zu Ende gegangen.
Der Baum hat einen neuen Jahresring angesetzt.
Seine Wurzeln ragen noch immer kräftig und stark in die Erde.
Seine Äste sind gewachsen.
Die Krone ist mächtiger geworden.
Versuchen Sie, das Bild Ihres Baumes im Gedächtnis festzuhalten.

Prägen Sie sich jede noch so kleine Einzelheit ein.
So entsteht ein imaginäres Foto von diesem Baum.
Atmen Sie tief ein und wieder aus und kommen Sie langsam zurück.
Öffnen Sie die Augen und strecken Sie sich.
Sie sind wieder in der vertrauten Umgebung im Hier und Jetzt angekommen.
Welcher Baum in welcher Jahreszeit waren Sie?
Wo war der Standort dieses Baumes?
Was haben Sie erlebt?
Welche Bilder der Erinnerung sind jetzt noch da?
Welche Bedeutung haben Bäume in Ihrem Leben?

Baummeditation © Doris Tropper

5. Es darf auch vergessen werden!

Es ist möglich, fast ohne Erinnerung zu leben, ja glücklich zu leben; es ist aber ganz und gar unmöglich, ohne Vergessen überhaupt zu leben.

Friedrich Nietzsche

Wir vergessen ständig etwas und bemerken es sehr häufig noch nicht mal. Wir geraten in Panik, wenn wir mit schlafwandlerischer Sicherheit zum Schlüsselbund oder zur Geldbörse greifen wollen und sie nicht am vertrauten Platz vorfinden. Wir suchen überall nach der Lesebrille, die wir auf den Kopf geschoben und zwischen die Haare gesteckt haben. Ähnlich muss es dem Wissenschaftler Sir Roger Penrose ergangen sein, als er beim Spazierengehen mit Kollegen einen genialen Einfall zur Theorie der »schwarzen Löcher« im Weltall hatte. Gerade als er der Gruppe seine interessante These mitteilen wollte, überqueren sie eine Straße. Dabei riss der Gesprächsfaden ab und Penrose entfiel sein Geistesblitz genauso schnell, wie er gekommen war. Beunruhigt darüber rekonstruierte er am Abend minutiös jeden Schritt und jedes Wort, indem er in Gedanken viele Male den Weg auf und ab schritt, bis ihm der Gedanke wie ein Pfeil wieder ins Gedächtnis schoss. Diesmal notierte er fein säuberlich alles, damit es nicht wieder verloren gehen konnte.

Nicht immer, wenn wir unsere Erinnerungen beleben und sie vor dem Vergessen, den »dunklen Löchern«, bewahren wollen, widerfahren uns solche Geistesblitze wie Penrose und wir entschlüsseln damit bislang ungelöste Rätsel der Menschheit. Manchmal meldet sich eine ganz bestimmte Erinnerung rasch zurück, dann wiederum dauert es länger, bedarf es der Stimulierung und Denkanstöße, ehe uns die »Erleuchtung« kommt. Ähnlich verhält es sich mit den Erinnerungen eines ganzen Lebens: Es ist eine scheinbar ungeordnete Ansammlung von Scherben, doch jedes einzelne Bruchstück gehört zu einem Bild und zu einer Geschichte. Diese Mosaiksteine zu einem Ganzen zu fügen, ist nicht immer leicht, ja manchmal sogar schmerzhaft und von Gefühlen der Trauer und des Zorns begleitet.

Was haben Sie heute schon alles vergessen?

Wann haben Sie das letzte Mal etwas gesucht?

Wie ist es Ihnen gelungen, den Gegenstand wiederzufinden?

Mit großer Wahrscheinlichkeit haben Sie sich konzentriert und versucht, scharf nachzudenken, um sich daran zu erinnern, wann Sie diesen Gegenstand das letzte Mal in der Hand hatten und vor allem, wo das war. So gesehen hatte der Philosoph Friedrich Nietzsche in seinen Ausführungen *Vom Nutzen und Nachteil der*

Historie für das Leben auf jeden Fall recht: Ohne Vergessen gibt es kein Erinnern!

Falls Sie noch immer dabei sind, einen verlorenen, achtlos weggelegten, vergessenen Gegenstand zu suchen, dann wünsche ich Ihnen in jedem Fall viel Glück!

Wenn wir an das *Vergessen* denken, schleichen sich sofort negative Gefühle und Verlustgedanken ein. Wir lieben es, in unseren Erinnerungen zu schwelgen, aber wir vergessen nur sehr ungern, sind manchmal geradezu nachtragend. Dazu kommt, dass wir in einer Gesellschaft leben, die die Erinnerungskultur über alles stellt und in der das Vergessen tabu ist. »Forget it!«, schreibt sogar Umberto Eco, Schriftsteller und Philosoph, in einem Aufsatz und meint damit, dass wir das Vergessen möglichst rasch wieder vergessen sollten, denn dieser Begriff würde nur bedeuten, dass wir uns einfach nicht erinnern können. Für ihn ist Vergessen keine Kunst und auch keine Fähigkeit und macht deshalb keinen Sinn. Entstanden ist diese These bei einem Spiel zum Zeitvertreib. Umberto Eco saß eines Abends mit Freunden zusammen und sie ersannen Künste und Wissenschaften, die es nicht geben kann. Dabei entwickelte der heitere Kreis die »Kunst des Vergessens« als Gegenstück zur Mnemotechnik, der Gedächtniskunst. In unserem täglichen Verhalten widersprechen wir dieser These unentwegt und ungewollt, denn das Vergessen stellt ein zentrales Vermögen der Menschheit dar und bestimmt schon längst unser

Leben: Wir alle wissen, dass wir uns ständig auf sehr dünnem Eis bewegen, denn Krankheiten wie Demenz und Alzheimer, die das totale Vergessen mit sich bringen, betreffen nicht nur alte Menschen.

Wir können auch aus Unwissenheit und Gleichgültigkeit vergessen, ebenso wie aus politischem Kalkül oder Überforderung. Wenn wir der Meinung sind, eine Sache sei nicht mehr wichtig, dann kann sie umgehend in einer Art Verwahrungsgedächtnis abgelegt und dort lange Zeit vergessen werden. Vor der immer bedrohlicher werdenden Flut an Informationen schützen wir uns durch Vergessen und »Amnesie«; mit dem kostbaren Speicherplatz im Gehirn müssen wir sparsam umgehen und die Lücken können wir jederzeit mit Rekonstruktionen ausfüllen. Körperliche und seelische Verausgabung kann gleichfalls dazu führen, dass es zu massiven Gedächtniseinbußen kommt. Durch Erschöpfung schwinden die kognitiven Ressourcen und Erinnerungen werden kurzerhand gelöscht. Manchmal genügt schon der einfache Gang von einem Zimmer in das andere, und wir können uns nicht mehr entsinnen, was wir gerade holen, tun oder sagen wollten. Wer allzu Belastendes und nur schwer zu Ertragendes erlebt und erleidet, verdrängt und verleugnet möglichst rasch, um weiterleben zu können oder sich sein Leben neu zu gestalten. Wir alle kennen den Begriff »Trauma«, jene tiefen seelischen Wunden und Verletzungen, die durch ungeheuerliche Ereignisse wie Krieg,

Naturkatastrophen, Vergewaltigungen, Unfall, Geiselhaft oder andere gewaltsame Eingriffe in ein Leben verursacht wurden.

Daher ist auch das Vergessen eine ebenso vitale Lebensressource wie das Erinnern. Wenn es zu schmerzlich wird, dann verkapseln sich die Erinnerungen tief in unserem Inneren und verschließen sich vor jeglichem Zugriff. Opfer wie Täter können in eine Art Gedächtnisverlust (Amnesie) flüchten, um das Furchtbare auszublenden. Schon aufgrund der Tatsache, dass die Speicherkapazitäten in unserem Gehirn begrenzt sind, kann nicht alles ewig erinnert werden und fällt so dem Vergessen anheim. Nur wenige Wahrnehmungen und Ereignisse finden Aufnahme im Langzeitgedächtnis; der weitaus größere Teil wird in Sekundenschnelle wieder vergessen. Das kennen wir alle von uns selbst: Schöne, gute, schmeichelnde Erlebnisse, die mit Belohnung, Lob, Anerkennung oder gar mit Geld verbunden waren, erinnern wir genauso gerne und rasch wie jene, die günstig verlaufen sind und zu einem positiven Abschluss gebracht werden konnten. Hingegen wurden jene Gedächtnisinhalte möglichst rasch gelöscht, an die Gefühle wie Angst, Scham, Hilflosigkeit oder Schwäche gekoppelt waren. Nicht umsonst ist der deutsche Hirnforscher Wolf Singer[4] der festen Überzeugung, dass die Erinnerungen ohnehin nur »datengeschützte Erfindungen« seien, denn diese bauten auf

---

4 Wolf Singer: Wahrnehmen, Erinnern, Vergessen. 43. Deutscher Historikertag, Aachen, Vortrag über Nutzen und Vorteil der Hirnforschung für die Geschichtswissenschaft, 26. 9. 2000

lückenhafte, häufig sehr willkürlich ausgewählte Daten auf und hätten aufgrund der Leistungsfähigkeit unseres Gehirns eher den Charakter von Rekonstruktionen, die sich an gewissen Wahrscheinlichkeitsannahmen orientierten und daher nicht als die reine Wahrheit zu betrachten seien.

Irgendwann jedoch stellt sich die Frage, was besser ist:

das Vergessene begraben und vergessen lassen oder mit Blick auf erlittene Verluste und verdrängte Schicksalsschläge das eine oder andere Kapitel im Logbuch der persönlichen Erinnerungen umzuschreiben?

Ich glaube, wenn sich Vergessen und Erinnern die Balance halten und kein gestörtes Gleichgewicht oder ein konkurrierendes Entweder-oder darstellen, dann darf beides seinen Platz in unserem Leben haben.

Was ist mir in diesem Augenblick wichtig?

Stellen Sie sich diese Frage und versuchen Sie gleichzeitig zu eruieren:

Wovon möchte ich mich ablenken? Was blende ich dabei aus?

Denken ist auf jeden Fall immer auch Vergessen. Wir stellen erst im Nachhinein fest, nachdem sich etwas ereignet oder wir etwas erlebt haben, dass wir einen wesentlichen Teil unserer Erinnerung vergessen haben. Wie anders ergeht es einem Kind, das, versunken in sein Spiel, ausschließlich im Hier und Jetzt verweilt und sich nur durch einen Lockruf, der eine Süßigkeit oder eine neue Überraschung verspricht, aus dieser Selbstvergessenheit holen lässt. Dieser Vergleich lässt sich auch auf eine Rinderherde übertragen: Die Tiere auf der Weide verschwenden wohl keinen Gedanken an gestern oder morgen; sie genießen ausschließlich diesen Augenblick auf der saftigen Wiese und fressen so lange, bis sie wiederkäuen müssen. Von diesem rustikalen Bild hin zu einem schönen Satz aus einem Brief, den der Bildhauer, Maler und Autor Ernst Barlach seinem Bruder Karl im November 1930 geschickt hat:

Die Würze des Daseins ist immer doch der einzelne Augenblick, der einen überkommt und mit Segen überhäuft, ein Schauen in das Land der Farben oder ein Gehobenwerden ins Reich geistiger Aufschlüsse oder ein Innewerden der mehr als persönlichen Verbundenheit mit einem im höheren Sinne zwecklosen Geschehen.[5]

Da unsere Kindheit schon lange zurückliegt und wir Menschen und keine Tiere sind, verbringen wir einen Teil unseres Lebens damit, Vergessenes und Verborgenes hervorzuholen, uns zu erinnern und diese Erinnerungen auch festzuhalten.

---

5 Ernst Barlach: *Die Briefe II*. 1925–1938. Hrsg. Friedrich Dross, Piper, München 1959

Wann macht es Sinn, die verdrängten und abgelegten Erinnerungen bruchstückhaft hervorzuholen?

Wann ist es besser, Vergangenes und Vergessenes ruhen zu lassen und nicht wieder auszugraben?

Darauf kann es keine eindeutigen Antworten geben. So unterschiedlich jede einzelne Lebensgeschichte bislang verlaufen ist, so wesentlich oder unbedeutend kann das Erinnern von Vergessenem sein. Hier nun einige Beispiele, die diese Unterschiedlichkeit deutlich machen:

Die vergessene Freundin aus Kindertagen

Mathilda ist 55 Jahre alt und lebt sehr zurückgezogen in einer kleinen Stadt. Eines Tages kommt es auf der Straße zu einer Begegnung: Fanny, eine alte Freundin, mit der sie in ihrer Kindheit gespielt und die ersten Schuljahre verbracht hat, kommt ihr freudestrahlend entgegen und umarmt sie herzlich. Bei Mathilda steigen sofort Gefühle von Ablehnung und Irritation, aber auch der Wunsch nach Flucht und Distanz auf. Sie hatte geglaubt, ihre als lieblos erfahrene Kinder- und Jugendzeit ganz hinter sich gelassen zu haben, und wurde durch diese Begegnung plötzlich wieder daran erinnert. Da Fanny auf der Durchreise war, gingen die beiden – sehr zur Erleichterung von Mathilda – lediglich einen Kaffee trinken. Während Fanny nur so sprudelte und viele Episoden und Abenteuer der gemeinsamen Jahre erzählte, beobachtete sich Mathilda selbst und nahm sehr zwiespältige Gefühle bei sich wahr. Zwar konnte sie ebenfalls über den einen oder anderen Streich lachen, aber fast gleichzeitig schoben sich bei ihr auch andere Bilder von damals ins Gedächtnis: Sie wurde in der Schule verspottet, weil sie keine ordentlichen Kleider zum Anziehen hatte; sie durfte bei Laufspielen nie mitmachen, da sie aufgrund einer angeborenen Hüftluxation nicht schnell laufen konnte; sie hatte sich jahrzehntelang nicht mehr mit ihrer Kindheit und dem fehlenden Gefühl von Geborgenheit und Wärme beschäftigt. Erleichtert verabschiedete sie sich nach einer Stunde von der alten Freundin und ging ihres Weges. Während Fanny noch lange voll Freude an die zufällige Begegnung mit den vielen Erinnerungsspuren in die Kindheit dachte, versuchte Mathilda die Begegnung so rasch wie möglich wieder zu vergessen.

Neue Wahrnehmungsqualitäten durch Blindheit

Vieles bleibt für immer in der Dunkelheit versteckt und manche Erinnerungen verschlossen, wenn sie nicht kultiviert und regelmäßig an die Oberfläche ins Sonnenlicht geholt werden. Der englische Religionswissenschaftler und Professor emeritus an der Universität Birmingham, John Hull, hat im Herbst 2012 einen Vortrag beim »Memory Marathon« in der Serpentine Gallery im Rahmen des Symposiums zum Thema »Gedächtnis und Erinnerung im Kontext zeitgenössischer bildender Kunst« gehalten. Eigentlich nichts Ungewöhnliches, wäre da nicht die Tatsache, dass der in Australien geborene Hull mit 13 Jahren an grauem Star erkrankte und langsam gänzlich erblindete. Die ihm bekannte Welt in all ihrer Farbigkeit und Formenvielfalt war für immer verloren, und so musste er sich seinen Kosmos neu erfinden. Er sprach von einer seltsamen, dunklen Stadt, die er nun bewohne, nachdem er mit nicht ganz 50 Jahren auch die Fähigkeit verloren hatte, vorbeihuschende Schatten im Gegenlicht wahrzunehmen, um sich so zu orientieren. Zuerst verschwand seine visuelle Erinnerung, er begann zu vergessen, wie er selbst aussah. Es war, als würde er aus dieser Welt verschwinden. Noch schlimmer war jedoch die schmerzliche Erfahrung, dass auch die Bilder anderer Menschen verblassten.

Langsam begann er zu vergessen, wie etwas oder jemand aussieht. Als Letztes entglitt ihm das Gesicht seiner Frau; er konnte auch jene tief in seinem Inneren gespeicherten Fotos nicht mehr lebendig halten, und so beschloss er, keine nostalgischen Umwege mehr zu gehen und sich vorzustellen, wie das vertraute Gesicht aussehen könnte, sondern fortan in einer blinden, dunklen Welt ohne Erinnerungen zu leben. Diese Blindheit erfasste Hulls gesamten Körper, aber trotzdem fühlte er sich nicht weltlos, denn er konnte plötzlich Dinge wahrnehmen, die ein sehender Mensch in dieser Intensität niemals begreifen kann: die Schönheit der Rundungen einer Teetasse, die große Geräuschskala von Regen oder das Erspüren der Jahreszeiten am Geräusch der Bäume.

Für John Hull wispern und knacken die Bäume im Winter, im Frühling hingegen hören sie sich flauschig an, ganz anders als im Sommer, wenn die Blätter rauschen wie der Ozean. So konnte er plötzlich auch wieder die Straße orten, denn diese befand sich dort, wo die vom Wind bewegten Blätter raschelten.

Wiedersehen nach 50 Jahren

Bei einem großen Treffen von Zeitzeugen, zu dem Opfer wie Täter eingeladen waren, sahen sich Sarah und Anton nach 50 Jahren wieder. Vor 1938 waren die beiden ein glückliches, hoffnungsvolles Studentenpaar gewesen. Dann musste die Jüdin Sarah bei Nacht und Nebel die Stadt verlassen und auf abenteuerliche Weise bis nach New York flüchten. Anton hingegen wurde NSDAP-Funktionär und verbrachte die Kriegsjahre in Berlin in verschiedenen Gremien der Partei. Die erste Begrüßung fiel kühl, fast herzlos aus und es wurde sichtbar, dass sie nicht mehr an ihre Freundschaft von früher anknüpfen konnten. Zu viel Schreckliches, Trennendes hatte sich in den fünf Jahrzehnten ereignet, und so stand eine hohe steinerne Mauer zwischen ihnen. Sarah überhäufte ihn mit bitteren Vorwürfen, die sich jahrelang in ihrem Innersten aufgestaut hatten und die sie nun endlich loswerden konnte. Anton hingegen versuchte sich mit Entschuldigungen und Erklärungen von jeglicher Schuld zu befreien. Die beiden trennten sich ohne Abschiedsgruß, aber einige Tage später fand er ein Blatt Papier in seiner Sakkotasche. Er erkannte augenblicklich Sarahs Handschrift: »Ich kann dir verzeihen, wenn es dir wichtig ist und hilft, aber vergessen kann ich das niemals, was ihr mir und meinen Lieben angetan habt!«

Wenn die Brücken der Erinnerung einstürzen

Alzheimer und Demenz sind Erkrankungen, die alle persönlichen Lebenserinnerungen verblassen und vergessen lassen und letztlich dazu führen, dass nicht einmal mehr Bruchstücke eines facettenreichen, bunten Daseins vorhanden sind. Das Lebensbild in seiner Gesamtheit als Relief mit allen Höhen und Tiefen, den Sonnen- wie den Schattenseiten, ist ausgelöscht und für den Erkrankten nicht mehr zugänglich. Es ist, als wären die Brücken in die eigene Vergangenheit abgebrochen und alle Erinnerungen an das Gestern vergessen und verloren. Der alte Mensch wird einsam, fühlt sich verlassen und zieht sich zurück, tief in ein Schneckenhaus, aus dem er sich irgendwann nicht mehr herauslocken lässt, trotz noch so kreativer Bemühungen durch Begleiter und Familienangehörige.

Werfen wir einen Blick in den Aufenthaltsraum einer Seniorenresidenz: Dort sitzen eine sehr junge Mitarbeiterin und eine betagte alte Dame beisammen. Auf dem Tisch liegt ein großes braunledernes Fotoalbum. Die Aufnahmen darin sind teilweise schon vergilbt und erinnern an lange zurückliegende Zeiten und Ereignisse. Die junge Frau nimmt vorsichtig ein Bild heraus, auf dem ein junges Hochzeitspaar abgebildet ist. Der Mann trägt eine Gardeuniform und die junge Braut einen zauberhaften Tüllschleier mit viel Spitze, der das Foto umrahmt. Sehr ernst, fast ein wenig ängstlich blicken die beiden in die Kamera des Fotografen. »Erkennen Sie die junge Frau und den Bräutigam auf diesem Bild?« Die junge Mitarbeiterin wendet sich der alten Dame zu, die unruhig auf ihrem Stuhl hin- und herwippt. Sie nimmt mit zitternder Hand das Foto und hält es lange und sehr nahe an ihr Gesicht. Nach einer Weile antwortet sie unsicher: »Nein, ich weiß nicht. Wer soll das sein? Vielleicht meine Mutter oder Tante Irmi?« Rasch und unvermittelt lässt sie die Fotografie auf den Tisch fallen, als hätte sie sich die Finger daran verbrannt. Dann lächelt sie und wendet ihr Gesicht der jungen Frau zu. »Aber Frau Maria, das sind ja Sie und Ihr Mann! Erinnern Sie sich nicht mehr an die Hochzeit? Erkennen Sie sich nicht mehr?«

Die junge Mitarbeiterin hat sich für die alte Dame Zeit genommen und möchte sie an ihre Vergangenheit erinnern. Biografische Ereignisse sind oft auf Bildern in alten Fotoalben festgehalten und das gemeinsame Anschauen und Sprechen darüber kann helfen, sich noch einmal der eigenen Identität bewusst zu werden. Nicht so bei Frau Maria, die erschrocken auf das Foto blickt und fluchtartig den Ort des Geschehens verlassen möchte, was ihr aber nicht möglich ist, da sie im Rollstuhl sitzt. Mehr als 60 Jahre war Frau Maria mit ihrem geliebten Gustl verheiratet; viele Höhen und Tiefen hatten sie miteinander gemeistert und waren sich auch im Alter noch in liebevoller Zärtlichkeit zugetan. Seit sieben Jahren ist ihr Mann tot. Vor einigen Monaten noch konnte die alte Dame die großen schwarzen Löcher in ihrem Gedächtnis mit abenteuerlichen Geschichten aus der Fantasie auffüllen, doch heute sind nicht einmal mehr Bruchstücke ihrer eigenen Biografie für sie abrufbar. Tränen fließen ihr über die Wangen und fast trotzig wiederholt sie immer wieder: »Ja, das war eine schöne Zeit. Ich war sehr glücklich. Ich habe es gut gehabt. ...«

Wenn Sie diese Geschichten Revue passieren lassen:

Was erinnern Sie nur ungern aus Ihrer Kindheit?

Welche Gefühle verbinden Sie damit?

Was haben Sie längst vergessen und ist Ihnen beim Lesen dieser Kurzgeschichten wieder in den Sinn gekommen?

Woran möchten Sie sich auf keinen Fall erinnern?

Der Blick auf erlittene Verluste macht es möglich, das eine oder andere Kapitel im Logbuch der persönlichen Erinnerungen umzuschreiben. So manches Blatt im Lebensbuch wird dann neu beschrieben oder es bleibt weiß und leer. Erinnern und Vergessen sind die beiden vitalen Kraftquellen unseres Lebens und helfen uns in jeder Lebensphase und in jedem Lebensabschnitt, weiterzukommen. Sie sind gleichzeitig Orientierungshilfe, damit wir uns im Hier und Jetzt zurechtfinden, aber auch Antriebshilfe, um ein angestrebtes Ziel zu erreichen.

Am Ende dieses Buches steht deshalb ein »persönliches Logbuch«, um alle vorangegangenen Erfahrungen noch einmal zusammenzufassen und dabei bewusst anzuregen, sich den eigenen Erinnerungen zu stellen und diese auch aufzuschreiben, oder aber um es leer und unbeschrieben zu lassen und den Mantel des Vergessens darüber auszubreiten. Ein Log war früher ein bleibeschwertes Holzbrett in der Form eines Viertelkreises, das zur Bestimmung der Geschwindigkeit des Schiffes ins Wasser gelassen wurde. Im Logbuch werden auch heute noch alle möglichen Beobachtungen wie die Richtung, der Wind, das Wetter und die Geschwindigkeit eingetragen, ebenso alle Vorkommnisse an Bord oder Probleme mit Passagieren. Diese Methode lässt sich auch sehr gut auf das eigene Leben übertragen.

Methode »Persönliches Logbuch«
Nehmen Sie sich Zeit und spüren Sie in sich hinein. Wo liegen diese Orte für Sie und mit welchen Personen, Ereignissen und Begebenheiten sind sie verknüpft?
- Insel der Sehnsucht
- Insel der Hoffnung
- Meer der Liebe
- Berg der Trauer

- Tal des Abschieds
- Land des Vergessens
- Sturm des Glücks
- Gewitter des Neubeginns
- Donnergrollen der Ungewissheit
- Ort der Geborgenheit
- Archipel der Zufriedenheit
- Vogel der Zukunft
- Bucht der Einsamkeit
- Strand der Kindheit
- Hafen der Sicherheit

In diesen altmodischen Reisekoffer können Sie stichwortartig spontan erinnerte Erlebnisse eintragen:

Im Tresor hingegen liegen fest verschlossen vergessene Erinnerungen. Den Code zum Öffnen kennen nur Sie! Vielleicht ist er Ihnen entfallen oder Sie erinnern ihn heute noch nicht. Dann bleibt die Tür geschlossen.

Manche Seiten im Buch des Lebens sind dicht be- und sogar überschrieben. Es folgen immer wieder auch leere, unbeschriebene Blätter.

Die Zeit bewahrt alles auf und manchmal beginnen die Dinge erst sehr spät, zu uns zu sprechen.

Literatur

Assmann, Aleida, *Der lange Schatten der Vergangenheit. Erinnerungskultur und Geschichtspolitik.* C. H. Beck, 2006

Assmann, Aleida, *Erinnerungsräume. Formen und Wandlungen des kulturellen Gedächtnisses.* C. H. Beck, 2010

Baddeley, Alan, *So denkt der Mensch. Unser Gedächtnis und wie es funktioniert.* Knaur, 1988

Blum, André (Hrsg.), *Potentiale des Vergessens.* Königshausen & Neumann, 2012

De Beauvoir, Simone, *Alle Menschen sind sterblich.* Rowohlt Taschenbuchverlag, 2012

Eco, Umberto, *An Ars oblivionalis? Forget it!* Journal der Modern Language Association of America, Band 103, Nr. 3. 1988

Erikson, Erik H., *Der vollständige Lebenszyklus*, Suhrkamp, 1998

Erikson, Erik H., *Identität und Lebenszyklus*, Suhrkamp, 1973

Freud, Sigmund, *Notizen über den Wunderblock*. Erstveröffentlichung: *Internationale Zeitschrift für Psychoanalyse*, Bd. 10 (1), 1924

Goethe von, Wolfgang, *Vier Jahreszeiten*. Gesammelte Werke in sieben Bänden, Hrsg.: Bernt von Heiseler, Bertelsmann Lesering, o. J.

Grass, Günther, Die *Zukunft der Erinnerung*. Herausgegeben von Martin Wälde, Steidl, 2001

Halbwachs, Maurice, *Das Gedächtnis und seine sozialen Bedingungen*. Suhrkamp-Taschenbuch, 1985

Hebbel, Friedrich, *Sämtliche Werke*. Historisch-kritische Ausgabe. Hg. v. Richard Maria Werner

Heinlein, Michael, *Die Erfindung der Erinnerung. Deutsche Kriegskindheiten im Gedächtnis der Gegenwart.* Transcript Verlag, 2010

Hesse, Hermann, *Gedichte. Gesammelte Werke Bd. 1*, Suhrkamp, 1987

Klingenberger, Hubert, *Bildkarten zur Biografiearbeit. Mein Weg ist mein Weg.* Don Bosco Verlag, 2012

Klingenberger, Hubert, *Lebensmutig. Vergangenes erinnern, Gegenwärtiges entdecken, Künftiges entwerfen.* Don Bosco Verlag, 2003

Maierhofer, Johannes, *Mit einem Schlag ist alles anders.* Druckhaus Stainz, 2013

Márai, Sándor, *Die vier Jahreszeiten.* Piper, 2009

Neumann, Michael (Hrsg.), *Erzählte Identitäten.* Wilhelm Fink Verlag, 2000

Nietzsche, Friedrich, *Werke in drei Bänden.* Carl Hanser Verlag, 1954

Osten, Manfred, *Das geraubte Gedächtnis. Digitale Systeme und die Zerstörung der Erinnerungskultur.* Insel Verlag, 2004

Proust, Marcel, *Unterwegs zu Swann. Auf der Suche nach der verlorenen Zeit 1.* Suhrkamp, 2013

Roth, Joseph, *Werke Bde. 1–3, Das journalistische Werk*. Fritz Hackert und Klaus Westermann (Hrsg.), Kiepenheuer & Witsch, 1990

Weil, Simone, *Schwerkraft und Gnade*. Kösel Verlag, 1954

Weinrich, Harald, *Lethe – Kunst und Kritik des Vergessens*. Beck'sche Reihe, 2005

208 Seiten
14,99 € (D) | 15,50 € (A)
ISBN 978-3-86882-280-9

Doris Tropper

HÄTTE ICH DOCH ...

Von den Sterbenden lernen,
was im Leben wirklich zählt

Leben, bevor es zu spät ist. Was ist die Essenz eines erfüllten Lebens? Welche Dinge sind wirklich wichtig? Oft überlegen wir uns erst im Angesicht des nahen Todes, was wir versäumt haben. Wichtig wäre es aber, dass wir uns diese Gedanken bereits dann machen, wenn wir mitten im Leben stehen und wir noch die Zeit haben, all dies umzusetzen. Doris Tropper, die seit Jahren in der Sterbebegleitung tätig ist, hat die zentralen Botschaften für ein glückliches Leben zusammengefasst, die ihr die Menschen auf dem Sterbebett verraten haben. Lernen Sie jetzt so zu leben, dass Sie auf dem Sterbebett sagen können: »Ich habe alles richtig gemacht.«

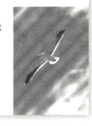

144 Seiten
9,95 € (D) | 10,30 € (A)
ISBN 978-3-636-07097-5

Kurt Tepperwein

LOSLASSEN, WAS NICHT GLÜCKLICH MACHT

Der Weg zur inneren Freiheit

Kurt Tepperwein zeigt den Weg zu mehr Harmonie und Ausgeglichenheit und macht Mut, sich auf das zu konzentrieren, wovon künftig das Leben bestimmt sein soll.

304 Seiten
8,90 € (D) | 9,20 € (A)
ISBN 978-3-636-07099-9

Kurt Tepperwein
KRISE ALS CHANCE
Wie man Krisen löst und zukünftig vermeidet

Krisen haben etwas Beunruhigendes, oft werfen sie uns aus der Bahn. Doch statt sich von der neuen Situation unterkriegen zu lassen, sollte man die Chance ergreifen, die Weichen neu zu stellen. Kurt Tepperwein zeigt auf, wie Krisen entstehen und wie sie sich auf uns auswirken. Er betrachtet dabei die verschiedenen Arten von Krisen, in die wir geraten können, wie beispielsweise die Beziehungs-, Berufs-, Entwicklungs- oder auch Gemütskrisen. Tepperwein stellt in diesem ermutigenden Buch, das jetzt in aktualisierter und erweiterter Auflage vorliegt, Lösungsmöglichkeiten vor, um Krisen erfolgreich zu meistern. So gewinnen Sie wieder selbst die Macht über sich, um zu agieren, statt zu reagieren.

Wenn Sie **Interesse** an **unseren Büchern** haben,

z. B. als Geschenk für Ihre Kundenbindungsprojekte, fordern Sie unsere attraktiven Sonderkonditionen an.

Weitere Informationen erhalten Sie von unserem Vertriebsteam unter +49 89 651285-154

oder schreiben Sie uns per E-Mail an:

vertrieb@mvg-verlag.de